MISIÓN BÍBLICA JUVENIL

LA PALABRA SE HACE JOVEN CON LOS JÓVENES

Cuaderno de la Misión

**Equipo Bíblico
del Instituto Fe y Vida**

www.MisionBiblicaJuvenil.org

Nihil obstat: Claudio M. Burgaleta, S.J., S.T.L., Ph.D.
Censor Librorum
27 de mayo de 2008

Permiso eclesiástico: The Most Reverend Stephen E. Blaire, D.D.
Obispo de Stockton, California, EUA
18 de junio de 2008

El *nihil obstat* es la declaración oficial de que un libro o texto está libre de errores doctrinales y morales, según las enseñanzas de la Iglesia católica. El permiso eclesiástico es la aprobación que da la autoridad eclesiástica para publicar un escrito.

Las citas bíblicas están tomadas de *La Biblia Católica para Jóvenes,* copyright © 2005, Instituto Fe y Vida, Stockton, California, 95207, EUA, y Editorial Verbo Divino, Avda. de Pamplona, 41, 31200 Estella (Navarra), España.

Citas y referencias bibliográficas: (1) Juan Pablo II, *Exhortación apostólica Ecclesia in America,* Editorial Basilio Nuñez, México, 1999. (2) Sínodo de los Obispos, XII Asamblea General Ordinaria, *La Palabra de Dios en la vida y en la misión de la Iglesia, Lineamenta,* www.vatican.va, 2007, no. 4. (3) Consejo Episcopal Latinoamericano (CELAM), V Conferencia General del Espiscopado Latinoamericano y del Caribe, *Aparecida: Documento Conclusivo,* Editorial Progreso, México, 2007, no. 443. (4) National Catholic Network de Pastoral Juvenil Hispana – La Red, *Conclusiones, Primer Encuentro Nacional de Pastoral Juvenil Hispana,* EUA, 2006, pp. 47-52. (5) United States Catholic Conference of Bishops, *Renovemos la visión: Un marco para la pastoral juvenil,* USCCB Publishing, EUA, 1997, pp. 9-11.

ÍNDICE   Pág.

INTRODUCCIÓN

1. Metas, objetivos y lema de la Misión, "La Palabra se hace joven con los jóvenes" .. 5

2. Presentación de la Primera Misión Bíblica Juvenil 7

3. Introducción metodológica al *Cuaderno* 10

   Primera sección: Organización de las sesiones bíblicas
   e instrucciones para su estudio 10

   Segunda sección: Guía para preparar la conducción de cada sesión 13

PARTE 1: SESIONES BÍBLICAS

Sesión 1: Jesús nos transmite su vida y nos capacita para dar frutos 17

   Objetivos y mensajes vitales 17

   Plan de la sesión 18

   Materiales para la sesión 20

   Proceso de la sesión 21

Sesión 2: Jesús, el amigo que da vida hoy y siempre 33

   Objetivos y mensajes vitales 33

   Plan de la sesión 34

   Materiales para la sesión 36

   Proceso de la sesión 37

Sesión 3: Jesús, el Buen Pastor, me ama, me llama y me da vida 49

   Objetivos y mensajes vitales 49

   Plan de la sesión 50

   Materiales para la sesión 52

   Proceso de la sesión 53

Sesión 4: Jesús es la luz del mundo; yo quiero ser luz para mis semejantes 65

   Objetivos y mensajes vitales 65

   Plan de la sesión 66

   Materiales para la sesión 68

   Proceso de la sesión 69

PARTE 2: EVALUACIÓN DE LAS SESIONES POR EL EQUIPO DE JÓVENES MISIONEROS Y SUS ASESORES/AS

   Introducción 83

   Instrucciones para hacer las evaluaciones y su síntesis 83

   Evaluación de la Sesión 1 85

   Evaluación de la Sesión 2 88

   Evaluación de la Sesión 3 90

   Evaluación de la Sesión 4 92

Canción lema de la Primera Misión 95

ORACIÓN POR LA MISIÓN
"LA PALABRA SE HACE JOVEN CON LOS JÓVENES"

Jesús, amigo, profeta y maestro nuestro:
¡Qué grandeza la tuya de querer
que tu Palabra se haga joven con los jóvenes!

Tú eres el camino, la verdad y la vida.

Eres el *camino* que guía nuestros pasos,
para llevar la Buena Nueva a quien anhela el amor del Padre.

Eres la *verdad* que nutre nuestro espíritu,
al hacer presente la buena noticia de tu Reino.

Eres la *vida* que transforma la nuestra,
al encarnar tu amor a través de tu Palabra.

Jesús, amigo, profeta y maestro nuestro:
¡Qué grandeza la tuya de querer
que tu Palabra se haga joven con los jóvenes!

Te pedimos de corazón por el éxito de esta Misión.

Ponemos ante ti, de manera especial,
a todos los jóvenes misioneros
y a quienes participarán en las sesiones bíblicas,
para que tu Palabra anide en sus corazones.

Ilumínalos, llénalos y fortalécelos con tu Espíritu,
para que, acompañados de María,
sean todos profetas tuyos aquí y ahora,
y así tu Palabra se haga joven con los jóvenes. Amén.

INTRODUCCIÓN

La Misión Bíblica Juvenil para el Continente Americano, "La Palabra se hace joven con los jóvenes", cuenta con cuatro publicaciones complementarias: dos *Manuales,* uno para el Equipo Central y otro para el Equipo de Jóvenes Misioneros, este *Cuaderno* para los jóvenes misioneros y un *Diario* para los jóvenes participantes.

El *Cuaderno de la Misión* contiene esta introducción; el proceso detallado de las cuatro sesiones bíblicas y el formato para la evaluación de cada sesión. A su vez, esta Introducción está subdividida en tres partes:

1. Metas, objetivos y lema de la Misión, "La Palabra se hace joven con los jóvenes".

2. Presentación de la Primera Misión Bíblica Juvenil. Este apartado presenta el enfoque propio de esta Misión y explica la simbología de su Cruz. También habla del uso de *La Biblia Católica para Jóvenes* e introduce la canción lema de esta Misión.

3. Introducción metodológica al *Cuaderno.* Esta parte tiene dos secciones: la primera presenta la organización de las sesiones bíblicas y da instrucciones para su estudio; la segunda, ofrece una guía para preparar la conducción de cada sesión.

1. METAS, OBJETIVOS Y LEMA DE LA MISIÓN, "LA PALABRA SE HACE JOVEN CON LOS JÓVENES"

Metas generales

1. Llevar la Palabra de Dios a la juventud con nuevo ardor, expresiones y métodos.

2. Promover la vocación evangelizadora del liderazgo juvenil católico.

3. Crear un espíritu de iglesia universal entre la juventud católica.

Objetivos de los jóvenes evangelizadores y anfitriones

1. Llevar la Palabra de Dios, de una manera significativa, a millones de jóvenes en el Continente Americano, con un alcance bilingüe y multicultural.

2. Estar más conscientes de su vocación evangelizadora y a ser apóstoles entre los jóvenes en los ambientes en que viven.

3. Promover su fe y crear un espíritu de hermandad con otros jóvenes en el Continente Americano.

4. Contar con un modelo pastoral misionero, diseñado especialmente para jóvenes y con los recursos necesarios para ser organizado por agentes de pastoral juvenil, catequistas, líderes juveniles y padres de familia.

5. Utilizar su conocimiento de la Sagrada Escritura y su formación catequética para llevar la Palabra de Dios a otros jóvenes.

Objetivos de la Misión como miembros de la Iglesia

1. Responder al llamado del papa Juan Pablo II a la Nueva Evangelización, en el espíritu de su exhortación apostólica, *Ecclesia in America.*[1]

2. Responder al llamado del papa Benedicto XVI en su convocatoria al Sínodo de la Palabra de Dios en la vida y la misión de la Iglesia, para que "la Palabra de Dios sea [...] más conocida, escuchada, contemplada, profundizada, amada y vivida".[2]

3. Responder al llamado de los obispos latinoamericanos en la V Conferencia del Consejo Episcopal Latinoamericano (CELAM), en Aparecida, a estar en activo *estado de misión* en la Iglesia católica en América Latina.[3]

4. Implementar las conclusiones del Primer Encuentro Nacional de Pastoral Juvenil Hispana, en Estados Unidos, que piden la creación de modelos pastorales de evangelización y formación de líderes entre los jóvenes hispanos,[4] y de *Renovemos la visión,* que pide que se lleve a Jesús a todos los adolescentes.[5]

5. Responder a las necesidades de unidad y diversidad de la Iglesia en Estados Unidos, con un esfuerzo misionero bilingüe, con el potencial de incluir a jóvenes de cualquier origen cultural.

6. Promover una pastoral de conjunto entre las arqui/diócesis, parroquias, institutos pastorales, congregaciones religiosas, organizaciones nacionales y movimientos apostólicos, como promotores y organizadores de las Misiones.

Lema de la Misión

El lema de la Misión Bíblica Juvenil, "La Palabra se hace joven con los jóvenes", sirve de nombre a la Primera Misión que ofrece el Instituto Fe y Vida, como parte de su Iniciativa de Pastoral Bíblica Juvenil. Este lema identifica el sistema de Misiones que Fe y Vida está iniciando con esta Primera Misión, pues refleja una doble intención, que se mantendrá constante en todas las misiones subsecuentes:

- Encarnar la Palabra de Dios, de manera profunda en los jóvenes misioneros, al vivir la Misión y ser mensajeros de la Palabra para sus compañeros.

- Promover la encarnación de la Palabra de Dios en los jóvenes participantes en la Misión, para que a su vez ellos la compartan en su medio ambiente.

MBJ

2. PRESENTACIÓN DE LA PRIMERA MISIÓN BÍBLICA JUVENIL

La temática de la Primera Misión Bíblica Juvenil, "La Palabra se hace joven con los jóvenes", se centra en siete nombres simbólicos que Jesús se dio a sí mismo, diciendo "yo soy". Ver Juan: 6, 35; 8, 12; 10, 7; 10, 11; 11, 25; 14, 6; 15, 5. Al revelar su identidad de esta manera Jesús está afirmando que él es Dios, que en él se cumplen las promesas del Antiguo Testamento. Así fue como Dios se presentó a Moisés, al decirle: "Yo soy el Dios de tu padre, el Dios de Abraham, el Dios de Isaac, y el Dios de Jacob" (Ex 3, 6) y ése fue el nombre con que se reveló a su pueblo a través de Moisés: "Yo soy el que soy" (v. 14).

Presentar a Jesús a los jóvenes de esta manera, lleva a un encuentro con él, en que lo pueden conocer con cierta profundidad, recibir su amor liberador y sentirse llamados a compartir su Buena Nueva. Estos siete nombres simbólicos, los cuales se presentan en el cuadro de la siguiente página, generan el contenido de las cuatro sesiones bíblicas en esta Misión y los objetivos específicos de cada una, los cuales se explicitan en sus mensajes principales y se expresan en los símbolos de la Cruz.

La Cruz de la Misión: su simbología y significado

La Cruz de la Misión presenta a Jesús al centro, invitando a quienes van en su camino a un encuentro nuevo con él, que los mueva a llevar su Palabra dadora de vida a otros jóvenes. El arco iris representa la alianza de Dios con su pueblo, iniciada en el Antiguo Testamento y llevada a su plenitud por Jesús, misma alianza que hace con los cristianos, quienes formamos el nuevo pueblo de Dios. La paloma es símbolo del Espíritu Santo, que habita en nosotros desde nuestro bautismo y nos da la luz y la fuerza para seguir a Jesús a lo largo de nuestro caminar hacia el Padre, hasta alcanzar la vida futura en unión con Dios al final de nuestros días.

Estos hechos vitales en la fe cristiana, fundamentan el espíritu del sistema de Misiones, "La Palabra se hace joven con los jóvenes". A través de estas Misiones, los jóvenes misioneros —identificados con Jesús y movidos por el Espíritu Santo— lo llevan a otros jóvenes, para que ellos, a su vez, sean fuente de vida verdadera para las personas con quienes conviven, en particular sus compañeros de edad.

En el madero horizontal y el madero vertical de la Cruz están los símbolos con que Jesús se definió a sí mismo, según el evangelio de Juan. Con estos símbolos, Jesús revela a sus seguidores quién es él, para que lo conozcan mejor, lo sigan y puedan compartir su Buena Nueva de salvación, con seguridad, mostrando orgullosos y llenos de gozo, que Jesús es el Señor, la fuente de vida verdadera y eterna.

La Cruz se empieza a leer a la izquierda del travesaño, de abajo hacia arriba en el madero vertical, para terminar a la derecha del madero horizontal. Es el mismo orden que se sigue en las sesiones bíblicas para reflexionar sobre los "Yo soy" de Jesús. Al ver los símbolos podemos escuchar a Jesús decir:

 Yo soy la vid, ustedes las ramas. El que permanece unido a mí, como yo estoy unido a él, produce mucho fruto; porque sin mí no pueden hacer nada. —Juan 15, 5

 Yo soy el pan de vida. El que viene a mí no volverá a tener hambre; el que cree en mí nunca tendrá sed. —Juan 6, 35

 Yo soy el camino, la verdad y la vida. Nadie puede llegar al Padre, sino por mí. —Juan 14, 6

 Yo soy la puerta por la que deben entrar las ovejas...Todo el que entre... por esta puerta, estará a salvo, y sus esfuerzos por buscar el alimento no serán en vano. —Juan 10, 7. 9

 Yo soy el buen pastor. El buen pastor da la vida por sus ovejas... Conozco a mis ovejas y ellas me conocen a mí. —Juan 10, 11. 14

 Yo soy la luz del mundo. El que me siga no caminará a oscuras, sino que tendrá la luz de la vida. —Juan 8, 12

 En el evangelio de Mateo, Jesús proyecta su título simbólico como la luz del mundo a sus discípulos, al decirnos *«Ustedes son la luz del mundo... Brille su luz delante de las personas»* (Mt 5, 14. 16). Sólo quien lleva una buena amistad con Jesús, vive unido/a a él y encarna su manera de ser, vivir, pensar y actuar, puede ser luz que ilumina el mundo en el que vive.

MBJ

Canción lema de la Primera Misión

Para animar la Misión, Martín Valverde compuso e interpreta su canción lema, cuya letra proclama la buena nueva de Jesús al presentarse con los siete nombres simbólicos que se eligieron como tema para esta Primera Misión. Así, la canción da a conocer este aspecto del evangelio de Jesús y ayuda a los jóvenes a estrechar su relación con él.

En el sitio web de la Misión se encuentra esta canción, su letra, su pista y las pisadas para tocarla en la guitarra. También existe un videoclip que ilustra la acción misionera que se desprende de vivir como discípulos de Jesús. Su letra se encuentra en la p. 95 de este *Cuaderno* y en el *Cancionero de la Misión,* colocado en el sitio web.

La Biblia Católica para Jóvenes y su utilización en la Misión

La Biblia Católica para Jóvenes (BCJ) es el corazón de la pastoral bíblica juvenil del Instituto Fe y Vida. Fue creada con el fin de ofrecer una Biblia que lleve a los jóvenes a conocer la Palabra de Dios, orar con ella y vivirla desde el corazón, y que les ayude a compartirla con sus compañeros. Por ello contiene diferentes tipos de comentarios, valiosas introducciones y una serie de apoyos didácticos y pastorales.

La *BCJ* como instrumento privilegiado para los jóvenes misioneros

Como los jóvenes misioneros deben acercarse directamente a la Palabra de Dios, para orar con ella, familiarizarse con su mensaje y hacerla vida, es ideal que todos los jóvenes misioneros cuenten con una *BCJ.* Esta versión de la Biblia les será también de gran utilidad en su misión de evangelizadores de sus compañeros.

El texto de la *Biblia de América* o la *BCJ:* texto oficial de la Misión

La *BCJ* utiliza el texto de la *Biblia de América,* debido a su calidad bíblica y lenguaje accesible para los jóvenes. Con el fin de que los participantes en la Misión lean la misma versión del texto bíblico, las citas sobre las que se reflexiona en ella, están transcritas en las publicaciones de la Misión.

Edición especial de la *BCJ* para la Misión

Existe una edición especial de la *BCJ* para la Misión, la cual tiene en la cubierta la Cruz de la Primera Misión. Su introducción habla de la Misión y explica el simbolismo de esta Cruz. Es la Biblia que se recomienda entronizar en cada sede de la Misión, durante la primera sesión bíblica.

3. INTRODUCCIÓN METODOLÓGICA AL *CUADERNO*

Esta Introducción contiene dos secciones: la primera describe cómo están organizadas las sesiones y da instrucciones para estudiarlas y comprenderlas bien; la segunda consiste en una guía para preparar la conducción de cada una de las sesiones.

Cada sesión está planificada para tres horas y media, o sea para medio día, en la mañana o la tarde. Dar este tiempo a las sesiones bíblicas es importante por tres razones: (a) permite profundizar el mensaje de la Palabra de Dios, desde una perspectiva bíblica y catequética; (b) da oportunidad de encarnar el mensaje en la vida cotidiana de los jóvenes, y (c) permite una oración personal y comunitaria que fortifica la vocación cristiana del joven y alimenta su espiritualidad. Además, organizar y llevar a cabo una misión bíblica implica un trabajo de preparación especial y es importante que fructifique y que se distinga de las sesiones regulares de un grupo juvenil, que suelen ser de menor duración.

Primera sección:
Organización de las sesiones bíblicas e instrucciones para su estudio

Todas las sesiones siguen el mismo formato para facilitar su conducción, y tienen dos partes principales:

1. **Organización general:** objetivos, mensajes vitales, plan de la sesión, materiales para la sesión y proceso de la sesión.

2. **Desarrollo detallado:** descripción de cada actividad, siguiendo el Círculo Pastoral: ser—ver—juzgar—actuar—evaluar—celebrar.

Instrucciones para estudiar y comprender las sesiones

A continuación se presentan los pasos a seguir para estudiar las sesiones y prepararse para facilitarlas. Conforme realizas el estudio, presta especial atención al rol que escogiste para servir: anfitrión/a o evangelizador/a. Subraya lo que te toca realizar, de acuerdo con tu letra "A" o "B".

1. Leer la Organización general de la sesión

- **Primera página de cada sesión.** Presenta la mística de la sesión al:

    o Ilustrar los *nombres simbólicos de Jesús* con que él se presenta en cada sesión y que generarán una relación más íntima y completa con Jesús, al conocerlo mejor y comprender la grandeza de ser sus discípulos.

    o Especificar los *pasajes bíblicos* de los que nace el tema, y así centrar los diferentes aspectos de la sesión en la Sagrada Escritura.

    o Señalar los *objetivos a alcanzar,* vistos desde la perspectiva de los jóvenes participantes.

o   Articular los *mensajes vitales* que se convierten en vivencia del evangelio, conforme los jóvenes misioneros conducen la sesión y los objetivos se cumplen en los jóvenes participantes.

- **Plan de la sesión.** Presenta, en un esquema, el proceso de cada sesión, siguiendo los seis momentos o pasos del Círculo Pastoral: ser — ver — juzgar — actuar — evaluar — celebrar.

    o   Indica el nombre de las actividades en cada paso.

    o   Da indicaciones para facilitar cada paso y especifica los materiales para la sesión.

    o   Ofrece pautas del tiempo requerido para llevar las sesiones a cabo.

    o   Sirve como "apuntador" o "guía de referencia rápida", de las actividades a realizar en cada paso del Círculo.

    Al preparar las sesiones con tu equipo misionero, conviene escribir en este plan las adaptaciones que hagan y los detalles importantes a recordar.

- **Materiales para la sesión.** Están agrupados de la siguiente manera:

    o   **Altar.** Enlista los elementos necesarios para erigir el altar, tomando en cuenta que la Biblia y la Cruz de la Misión siempre deben ocupar el lugar principal. Menciona los símbolos bíblicos propios de cada sesión, y los símbolos de las sesiones anteriores, que permanecen en el altar.

    o   **Valija de la Misión.** Indica los materiales comunes a todas las sesiones. Entre ellos se encuentra el cofre de la Misión, en el que se guardan los *Diarios* entre sesión y sesión.

    o   **Arcón de la sesión.** Menciona los materiales específicos para cada sesión.

    o   **Refrigerio.** Recuerda que hay que llevar algo para ofrecer en la convivencia al finalizar cada sesión. Este refrigerio debe ser sencillo y de bajo costo, cuidando de no despertar el espíritu de competencia.

- **Proceso de la sesión.** Señala paso a paso las actividades en cada momento del Círculo Pastoral. Al realizarlas, los participantes:

    o   Reafirman su *ser* como cristianos.

    o   *Ven* la realidad de su vida, en algún aspecto en particular.

    o   *Juzgan* esa realidad a la luz de la Palabra de Dios.

    o   Se proponen *actuar* según los valores de Jesús.

    o   *Evalúan* su participación en la sesión, al identificar los frutos obtenidos.

    o   Culminan la sesión con una *celebración* de fe, seguida de una celebración de la vida durante la convivencia.

El plan de las reuniones incluye tiempo para reunirse, descansos y una convivencia final. Se recomienda invitar a los participantes a sesiones de cuatro horas, para tener un poco de tiempo extra, en caso de que alguna actividad lleve más de lo esperado. Los momentos del Círculo Pastoral que lo requieren, se encuentran divididos en actividades con su duración indicada, con el fin de facilitar el manejo del tiempo.

- **Las responsabilidades de cada miembro del equipo misionero.** Estas responsabilidades están asignadas a cada evangelizador/a y anfitrión/a, a quienes se les ha dado la letra "A" o "B", para distinguir lo que corresponde a cada persona.

  - **Composición del texto *(layout).*** La numeración indica los pasos que hay que dar para llevar a cabo una actividad. Los textos con sangría en ambos lados o doble margen, indican: (a) *una oración,* si están en letra diferente o (b) *un texto para explicar o leer,* si están en el mismo tipo de letra que el resto del *Cuaderno.*

  - **Explicar *versus* leer.** Cuando hay que dar una explicación, se indica *explicar,* lo que quiere decir que el evangelizador/a debe comunicar con sus propias palabras lo que está escrito. Si se indica *leer,* necesita leerlo textualmente; esto sucede cuando hay que exponer conceptos teológicos difíciles de expresar y comprender, conducir una meditación, orar con una fórmula específica y otras situaciones semejantes.

2. Leer el Proceso de la sesión

- Revisa cada momento del Círculo Pastoral: ser—ver—juzgar—actuar—evaluar—celebrar.

- Observa y toma nota de quién/es es el encargado de la facilitación y quién/es del cuidado del tiempo, en cada momento del Círculo.

- Lee toda la actividad completa, para comprender sus pasos, componentes y tiempo asignado.

- Haz una segunda lectura y subraya palabras y conceptos que no están claros. Resuelve tus dudas con otros miembros de tu equipo o con algún asesor/a.

- Identifica qué acciones realiza el grupo: (a) en sesión plenaria, (b) en pequeños grupos, o (c) en parejas.

3. Realizar las siguientes comparaciones

- Comparar cada momento del Círculo Pastoral con el Plan de la sesión y en el "Proceso de la sesión, para adquirir una visión completa de ella y poder ejercer tu rol de evangelizador/a o anfitrión/a de manera ágil.

- Comparar el *Cuaderno* y tu *Diario de la Misión,* para recordar cómo encarnaste los mensajes vitales en tu vida y trata de visualizar a qué grado se cumplieron los objetivos.

Segunda sección:
Guía para preparar la conducción de cada sesión

La preparación que debe hacer el Equipo de Jóvenes Misioneros, de cada sede de la Misión, consta de tres momentos, cuyas tareas se explican a continuación.

Momento 1: Preparación individual

1. **Iniciar con una oración.** Hacer unos momentos de oración, ofreciendo al Padre tu preparación de la sesión; pidiendo al Espíritu Santo su luz para comprender e interiorizar la Palabra de Dios, y dialogando con Jesús sobre tu disposición para ser discípulo/a misionero/a.

2. **Leer la sesión completa.** Hacer una lectura total de la sesión, prestando especial atención a: (a) título, objetivos y mensajes vitales, los cuales le dan dirección y mística, y (b) proceso y sus actividades, para cumplir los objetivos y facilitar la vivencia del evangelio por los participantes.

3. **Recordar tu experiencia de esta sesión.** Revisar tu *Diario de la Misión* para traer a la memoria tu vivencia del mensaje de esta sesión y reflexionar sobre cómo Dios ha actuado en tu vida.

4. **Leer otra vez los pasajes bíblicos y los comentarios sobre ellos.** Reflexionar y orar con la Palabra, para descubrir qué te dice Dios ahora.

5. **Repasar la sesión, centrándote en cada actividad.** Identificar los momentos y las actividades a ser facilitados por los evangelizadores y los materiales a ser preparados por los anfitriones; subrayar lo que te corresponde hacer personalmente, las dudas que tienes, y lo que necesitas hacer con tu pareja de evangelizadores/as o anfitriones/as.

Momento 2: Preparación previa en equipo

1. **Iniciar con una oración.** Empezar haciendo oración con la canción lema de la Misión, de preferencia viendo el videoclip.

2. **Profundizar los mensajes principales de la sesión.** Compartir los mensajes que descubrieron al recordar la sesión individualmente; leer de nuevo los pasajes bíblicos, y reflexionar juntos sobre los pasajes y sus comentarios.

3. **Repasar todo el proceso.** Revisar cada actividad, para: (a) cerciorarse que todos comprenden los pasos a seguir; (b) expresar sus dudas, solucionarlas o recurrir a un asesor/a; (c) hacer los ajustes necesarios, sea por la realidad del grupo, el espacio en el que sesionan o el tiempo con que cuentan. Si el grupo es muy grande habrá que adaptar algunas actividades para que no ocupen mucho tiempo.

4. **Coordinarse en parejas de evangelizadores/as y anfitriones/as.** Decidir cómo harán el trabajo que les corresponde según su rol; identificar qué prepararán individualmente y qué juntos.

5. **Organizar un CD de la Misión.** Al preparar la primera sesión, se recomienda que organicen un CD/DVD de la Misión con la canción lema, su videoclip y todas las canciones que se cantarán durante las cuatro sesiones. En el sitio web se ofrece un *Cancionero misionero,* con la canción lema y canciones que hacen alusión al contenido de las sesiones o tienen un espíritu misionero. Conviene añadir canciones conocidas por la comunidad local, adecuadas para los temas de cada sesión, de modo que los jóvenes puedan cantarlas.

6. **Identificar los ejercicios de estiramiento, coordinación y cantos.** Decidir qué ejercicios y cantos usarán en cada sesión, y quién es responsable de dirigir cada uno. Pueden practicar las canciones nuevas con los participantes que llegan temprano, durante la bienvenida.

7. **Terminar con una breve oración y compromiso.** Terminar con la "Oración por la Misión", en la p. 4. Tomarse de las manos y sellar su compromiso mutuo con Jesús, a seguir preparándose como profetas suyos.

Momento 3: Preparación inmediata el día de la sesión

Es importante tener una breve preparación justo antes de empezar la sesión y asegurarse de que están listos para dirigirla como se indica a continuación.

1. **Llegar con tiempo.** Asegurarse que llegan al menos media hora antes, para: (a) arreglar el lugar, (b) revisar que todo esté listo, y (c) prepararse como equipo.

2. **Iniciar con una oración.** Encomendarse al Espíritu Santo para que los ilumine, los ayude a trabajar en armonía y los apoye en todo momento.

3. **Recibir a los participantes.** Acoger a los jóvenes, prestar especial atención a los que llegan solos o no conocen al resto del grupo.

4. **Facilitar la sesión.** Conducir las actividades, según las indicaciones del *Cuaderno* y ayudar a que los participantes utilicen su *Diario.*

5. **Involucrar a dos participantes en el servicio.** Los anfitriones/as invitan a dos jóvenes para que ayuden con la hospitalidad durante la convivencia y con dejar en orden la sede de la Misión.

6. **Despedir a los participantes.** Al despedirlos, motivarlos a vivir el mensaje que les dio Jesús y mencionarles que los esperan para la próxima sesión.

7. **Evaluar la sesión y organizar la próxima reunión de equipo.** Reunirse unos minutos, para hacer la evaluación, según el formato que se presenta al final del *Cuaderno.* Decidir cuándo se reunirán para preparar la próxima sesión, como parejas y como equipo, si aún no lo han hecho.

MBJ

PARTE 1

SESIONES BÍBLICAS

1. Jesús nos transmite su vida y nos capacita para dar frutos

2. Jesús, el amigo que da vida hoy y siempre

3. Jesús, el Buen Pastor, me ama, me llama y me da vida

4. Jesús es la luz del mundo; yo quiero ser luz para mis semejantes

NOTAS PERSONALES SOBRE LA MISIÓN...

> "Yo soy la vid, ustedes las ramas. El que permanece unido a mí, como yo estoy unido a él, produce mucho fruto; porque sin mí no pueden hacer nada."
> —Juan 15, 5

> "Yo soy el pan de vida. El que viene a mí no volverá a tener hambre, el que cree en mí no volverá a tener sed."
> —Juan 6, 35

OBJETIVOS

- Descubrir que estamos unidos a Jesús y formamos una comunidad con él.
- Reconocer que tenemos hambre del pan de vida.
- Convencernos de que podemos dar frutos de amor y bien.
- Responder a la invitación de Jesús de permanecer unidos a él.

MENSAJES VITALES

- En unión con Jesús, nuestra vida siempre tiene sentido.
- Jesús es nuestro alimento para la jornada de la vida.
- Creemos en Dios Padre que Jesús nos ha revelado.
- Los cristianos estamos llamados a dar frutos.

PLAN DE LA SESIÓN

MOMENTO	ACTIVIDAD	PASOS	MATERIAL	TIEMPO
SER	Bienvenida y oración inicial	**Bienvenida informal** • Dar la bienvenida y motivar una convivencia informal. **Apertura de la sesión** • Dar la bienvenida formal. • Tocar la canción lema; y proyectar el videoclip. • Hacer la oración inicial.	CD/DVD de la Misión y aparatos para su uso Instrumentos musicales	20 min
SER	Empezamos a conocernos	**Presentación de los participantes** • Explicar la actividad y dar ejemplo de cómo hacerla. • Realizar la actividad. **Presentación de la Cruz de la Misión** • Presentar a Jesús y entronizar la Cruz de la Misión. **Entrega del *Diario* y los gafetes.**	Cruz de la Misión Gafetes o etiquetas con nombre *Diario*	30 min
SER	Unimos nuestros lazos	**Organización en grupos pequeños (GP)** • Formar los grupos y entregar el material. • Explicar la actividad. **Realización de la actividad** • Armar la cadena en GP. • Dialogar en GP, *Diario*, p. 8. **Sesión plenaria**	Clips, ligas o elásticos	20 min
Descanso				15 min
VER	Pensamos en nuestros nudos afectivos	• Abrir el *Diario* en la p. 9. • Explicar y dirigir la actividad sobre las vides, *Diario*, pp. 9-10.	*Diario* Lápices	20 min
JUZGAR	Escuchamos la Palabra de Dios	**Introducción** • Invitar a escuchar la Palabra de Dios. • Hacer el comentario sobre la vid. **Proclamación de la Palabra y comentario** • Abrir el *Diario*, p. 11. • Proclamar Juan 15, 1-11. • Comentario sobre el evangelio. **Reflexión en grupos pequeños** • Dialogar en GP, *Diario*, p. 12. • Explicar el significado la palabra *conocer*. • Proclamar Juan 6, 35-40. • Dialogar en GP, *Diario*, p. 13.	Biblia de la Misión *Diario*	35 min

MBJ

MOMENTO	ACTIVIDAD	PASOS	MATERIAL	TIEMPO
ACTUAR	Preparamos nudos permanentes	**Comentario inicial e invitación para reflexionar** • Relacionar las actividades sobre los nudos afectivos y los nudos permanentes. **Reflexión personal** • Dirigir la actividad, *Diario,* p. 14. **Comentario final**	*Diario* Lápices	10 min
	Ambientación	Entonar un canto o hacer un ejercicio de ambientación.		5 min
EVALUAR	Revisamos nuestra vida ante Jesús	• Explicar la actividad y dar ejemplo. • Comentar sobre la simbología. • Escribir el mensaje principal, *Diario,* p. 15. • Dibujar los símbolos, *Diario,* p. 43.	*Diario* Lápices	15 min
CELEBRAR	Jesús nos fortalece para que demos frutos	**Celebración** • Formar un círculo alrededor del altar y entrar en espíritu de oración. • Besar la Cruz de la Misión y elevarla en lo alto. • Entregar a cada joven la Cruz y hacerle la pregunta. • Dar tiempo para escribir la oración personal a Jesús, *Diario,* p. 15. • Entonar la canción de la sesión. • Guardar los Diarios en el cofre y sellarlo.	Altar Cruz de la Misión CD de la Misión Grabadora Instrumentos musicales *Diario* Cofre	15 min
	Avisos y refrigerio	• Recordar la fecha de la siguiente sesión e invitar a amigos, si hay espacio. • Compartir el refrigerio. • Dar la despedida. Guardar los Diarios, gafetes o etiquetas en el cofre y sellarlo.	Refrigerio	25 min
			Total	**3:30 horas**

MATERIALES PARA LA SESIÓN

Altar

Elementos básicos

- ☐ Mantel, velas y flores
- ☐ Biblia de la Misión
- ☐ Cruz de la Misión
- ☐ Atril o cojín para colocar la Biblia abierta

Nota. Al iniciar esta primera sesión, el altar sólo debe tener el mantel, las velas, las flores y el atril o cojín para la Biblia. La Cruz y la Biblia se entronizarán durante la sesión.

Símbolos bíblicos

- ☐ 1. Vid (planta de la uva) o una planta que da frutos y una canasta con pan

Valija de la Misión

- ☐ LCD/DVD/TV o grabadora
- ☐ CD/DVD de la Misión
- ☐ Canasta con gafetes o etiquetas con los nombres de los participantes y unos extra en blanco
- ☐ *Diarios de la Misión*
- ☐ Cofre para guardar los *Diarios de la Misión*
- ☐ Lápices

Arcón de la Sesión 1

- ☐ Clips
- ☐ Ligas o elásticos

Refrigerio

- ☐ Refrescos o agua fresca, galletas, papas fritas, cacahuates o maní...
- ☐ Vasos y servilletas

PROCESO DE LA SESIÓN

[Facilitación: Anfitriones/as y Evangelizador/a "A"]
[Cuidado del tiempo: Evangelizador/a "B"]

ACTIVIDAD: BIENVENIDA Y ORACIÓN INICIAL   **[20 minutos]**

Bienvenida informal   10 minutos

1. Los **anfitriones/as** dan la bienvenida a los participantes conforme llegan y los invitan a pasar al lugar donde se llevará a cabo la sesión. Ya iniciada ésta, los anfitriones/as se quedan en la puerta y, si faltan algunos invitados, cuando llegan los orientan sobre lo que está pasando y les piden que se incorporen a la actividad, sin distraer a la comunidad.

Apertura de la sesión   10 minutos

2. Los **evangelizadores/as** inician la sesión puntualmente, con una bienvenida formal. Tocan la canción lema para fomentar la mística de la Misión, e invitan a los participantes a aprender el canto y a entonarlo juntos. De ser posible, proyectan el videoclip.

3. El **evangelizador/a "A"** invita a entrar en espíritu de oración para iniciar la sesión. Se persigna y ora al Señor diciendo en voz alta:

> Jesús, profeta por excelencia y hermano nuestro, te damos gracias por reunirnos en esta Misión, para que "tu Palabra se haga joven con los jóvenes". Queremos conocerte y amarte más para llevar tu amor a los demás.
>
> Envía tu Espíritu sobre todos y cada uno de los aquí presentes. ¡Permanece con nosotros y actúa a través de nosotros! Llévanos de tu mano a nuestro buen Padre, en compañía de María, tu Madre y madre nuestra. Amén.

ACTIVIDAD: EMPEZAMOS A CONOCERNOS [30 minutos]

Presentación de los participantes   20 minutos

1. Los **evangelizadores/as** se colocan juntos e invitan a formar un círculo, sea de pie o sentados.

2. El **evangelizador/a "A"**:

   - Invita a los participantes a aprenderse los nombres de sus compañeros, pues todos han sido llamados por Jesús a ser parte de la comunidad en esta Misión. Para ello, cada persona dirá en voz alta su nombre y un apodo simpático como le guste que la llamen, mencionando brevemente la razón del apodo. Por ejemplo: "Yo soy *Melanie-dinamita,* porque siempre pongo mucha pasión y energía en lo que hago".

   - Iniciar con una persona y proceder en círculo hacia la derecha. Existe un reto: a partir del segundo participante, tendrán que decir los nombres y apodos de todas las personas sentadas a su izquierda, empezando por la más cercana.

3. Los **participantes** se presentan siguiendo este proceso:

   - Empieza el **evangelizador/a "A",** dando su nombre, su apodo y la razón de él.

   - Sigue la persona a su derecha: se presenta y repite el nombre y el apodo del evangelizador/a "A".

   - La siguiente persona se presenta y dice el nombre y apodo de quien está a su izquierda y del evangelizador/a "A". Así sucesivamente.

   - Para terminar, el **evangelizador/a "B",** quien se encuentra al final del círculo, repite los nombres y apodos de todos.

Presentación de la Cruz de la Misión   5 minutos

1. Los **dos anfitriones/as** entran con la Cruz de la Misión. El **anfitrión/a "A"** la lleva en lo alto y se coloca entre los dos evangelizadores/as.

2. El **anfitrión/a "B"**:

   - Presenta a Jesús diciendo:

     > Jesús es el centro y la razón de ser de esta Misión; él nos invitó a estar aquí, estamos reunidos por él y esta Misión es de él tanto como de nosotros. Como Jesús es la persona más importante, se presenta al final y hoy quiere hacerlo con dos nombres simbólicos que él se dio a sí mismo.

     > Jesús se define como *la vid* —la planta que produce las uvas— y como *el pan de vida,* un alimento de la vida diaria. Hoy conoceremos mejor a Jesús al reflexionar sobre estos dos nombres.

Como miembro del equipo, tengo el privilegio de entronizar la Cruz de la Misión en el altar, que con mucha ilusión y cariño hemos preparado para Jesús. A partir de ahora, Jesús está presente de modo muy especial en la comunidad de los invitados a esta Misión. Abran su corazón a Jesús y denle un gran aplauso de bienvenida.

- Entroniza la Cruz de la Misión en el altar.

Entrega del *Diario* y los gafetes   5 minutos

3. El **anfitrión/a "A":**

- Invita a que los participantes se acerquen a recibir su gafete o etiqueta y su *Diario de la Misión,* conforme escuchan su nombre.

- Entrega su gafete, su *Diario* y un lápiz a cada participante, con ayuda del anfitrión/a "B".

ACTIVIDAD: UNIMOS NUESTROS LAZOS   [20 minutos]

Organización en grupos pequeños   5 minutos

1. El **evangelizador/a "A":**

- Organiza a los participantes en grupos pequeños de tres o cuatro jóvenes, en los que trabajarán durante toda esta sesión. A cada uno le entrega un clip y una liga o elástico.

- Invita a sus compañeros a hacer una cadena con el clip, la liga y ocho objetos o accesorios que traigan consigo. Da unos minutos para que apliquen su creatividad y lleven a cabo la tarea.

Realización de la actividad   10 minutos

2. Cada **grupo pequeño** arma su cadena y, al terminar, la describe al responder las preguntas en el *Diario de la Misión,* p. 8:

- *¿Qué es lo que hace única la cadena que acaban de armar?*
- *¿Cuáles son los eslabones más fuertes y cuáles son los más débiles?*
- *¿Cuántas formas de unir encontraron al hacer la cadena?*

Sesión plenaria   5 minutos

3. El **evangelizador/a "A"** abre un diálogo en sesión plenaria para profundizar sobre el sentido de esta actividad, hace la siguiente pregunta, ¿qué enseñanzas sobre la comunidad" pueden obtener de su experiencia al armar la cadena?

ACTIVIDAD: DESCANSO   [15 minutos]

[Facilitación: Evangelizador/a "A"]
[Cuidado del tiempo: Evangelizador/a "B"]

ACTIVIDAD: PENSAMOS EN NUESTROS NUDOS AFECTIVOS
[20 minutos]

1. El **evangelizador/a "A"** invita a los participantes a abrir su *Diario* en la p. 9, donde se encuentra ilustrada una vid o planta de la uva. Explica cómo se hará el ejercicio en las vides dibujadas en las pp. 9 y 10.

2. **Cada joven** escribe lo siguiente en las plantas de vid:

   - En la primera vid, escribe: (a) *en el tronco,* su propio nombre; (b) *en cada una de las cinco ramas,* el nombre de una persona con quien lleva una relación muy estrecha, y (c) *en las hojas,* tres aspectos que lo/a unen con cada persona; por ejemplo: cariño, conversaciones interesantes, travesuras, diversiones, etcétera.

   - En la segunda vid, escribe: (a) *en el tronco,* nombre de Jesús; (b) *en cada rama,* una cualidad de Jesús que le atrae, por ejemplo: su compasión, su valentía..., y (c) *en las hojas,* algo que lo une a él, por ejemplo: amor, amistad, bautismo, otros.

[Facilitación: Evangelizador/a "B"]
[Proclamación del evangelio y cuidado del tiempo: Evangelizador/a "A"]

ACTIVIDAD: ESCUCHAMOS LA PALABRA DE DIOS [35 minutos]

Introducción 5 minutos

1. El **evangelizador/a "B"**:

   - Se dirige al altar con la Biblia en lo alto y la coloca en el atril (o cojín), abierta en Juan 15, 1-11.

   - Invita a sus compañeros a acallar su corazón y a preparase para escuchar la Palabra de Dios, diciendo lo siguiente:

     > Vamos a escuchar la Palabra de Dios, pongamos mucha atención a los nombres simbólicos que Jesús se da a sí mismo. Se define como "la vid" —la planta de la uva, que era muy conocida en su tierra— para dar a conocer a sus seguidores su relación con Dios Padre y con nosotros.

     > Jesús habla de nosotros como sarmientos, o sea las ramas de la vid. De esta manera, enfatiza la estrecha unidad de los cristianos con él, la cual se establece con el bautismo y se mantiene principalmente a través de la Eucaristía.

     > Jesús, mejor que nadie, conoce a Dios Padre y desea que todos gocemos de su gran amor; por eso quiere que permanezcamos unidos a él. En el siguiente pasaje, veremos cómo actúa el Padre en nuestra vida, a quien Jesús presenta como el viñador.

   - Pide prestar atención al pasaje del evangelio que proclamará su compañero, para poder identificar el mensaje que les da Jesús.

   - Indica que pueden escuchar el evangelio o seguirlo en su *Diario,* p. 11, si eso les ayuda a comprender mejor su mensaje.

Proclamación de la Palabra de Dios y comentario 5 minutos

2. El **evangelizador/a "A"**:

- Proclama Juan 15, 1-11.

- Invita a dejar que la Palabra de Dios penetre en el fondo de su corazón, para que alimente su vida con los sentimientos de Jesús, y a seguirla en su *Diario,* si así prefieren, p. 11.

3. El **evangelizador/a "B"**: Comenta lo siguiente:

Es posible que hayan identificado mensajes distintos, pues la Palabra de Dios llega a cada persona según su experiencia de vida y la situación en la que se encuentra cuando la escucha. Si están de acuerdo con la misma idea, ésta se fortalece; si sus opiniones son diferentes, se enriquecen mutuamente.

En la vid, los sarmientos o ramas unidas al tronco por los nudos, nos representan a nosotros unidos a Jesús, quien se presenta a sí mismo como el tronco. El viñador —quien representa al Padre— poda o corta las ramas, cuando es necesario; nunca corta los nudos que las unen al tronco.

Las ramas nuevas brotan de los nudos de la vid. Mientras éstos no sean arrancados, al podarlas, las ramas volverán a crecer, para dar más fruto.

Las ramas secas son cortadas, con el fin de darles la oportunidad de renacer de los nudos y volver a dar fruto. Como Jesús ofreció a sus discípulos, él está siempre con nosotros. Nos corta para que crezcamos más sanos al seguir sus mandamientos y así poder dar buenos frutos.

Reflexión en grupos pequeños 10 minutos

4. El **evangelizador/a "B"**: Invita a dialogar en los grupos pequeños en que armaron la cadena, guiados por las preguntas en el *Diario,* p. 12.

5. **Cada grupo pequeño** dialoga apoyados por las siguientes preguntas:

- *¿Cuáles son los frutos de estar unidos a Jesús?*

- *¿Por qué quiere Jesús que estemos unidos a él y a través de él estemos unidos entre nosotros?*

- *¿Cómo se relaciona esta lectura con tu experiencia en la actividad sobre los nudos afectivos?*

MBJ

Comentario y proclamación de la Palabra de Dios   5 minutos

6. El **evangelizador/a "B":**

- Hace el siguiente comentario:

> En esta Misión conoceremos varias maneras como Jesús habla de sí mismo. En la lengua y la cultura de Jesús, *conocer,* quiere decir, "tener una experiencia con la totalidad de nuestro ser". No se trata solamente de saber algo sobre Dios de manera intelectual, sino de tener una relación vivencial con él.
>
> En el sentido bíblico, *conocer* implica también sentir y vivir una realidad. En esta Misión conoceremos mejor a Jesús con nuestra inteligencia, afectividad y experiencia. Los invito a que atesoren los mensajes y vivencias que más lleguen a su corazón, para que estrechen su relación con Jesús y la comunidad de fe.
>
> En el pasaje del evangelio que se proclamará en unos momentos, Jesús se presenta diciendo, "Yo soy el pan de vida" (Jn 6, 35). Cuando Jesús se identificó con la vid, al igual que al identificarse con el pan, se está presentando a nosotros como alimento.
>
> Jesús nos alimenta de muchas maneras, en particular al recibirlo en la Eucaristía, bajo las especies de pan y vino, convertidas en su cuerpo y su sangre, entregados en la cruz por amor a nosotros. Al escuchar el evangelio, tengamos en cuenta que Dios siempre ha alimentado a su pueblo para su jornada de la vida.
>
> El pan fue un símbolo importante la noche de la Pascua judía, al iniciar el pueblo de Israel su camino de liberación de la esclavitud a la tierra prometida. El pan, como decimos en la Misa, es "fruto del trabajo de los hombres"; es decir, Jesús es nuestro alimento. Jesús siempre nos invita a nutrirnos con su amor liberador y misericordioso, como lo está haciendo a través de esta Misión.
>
> Toca a nosotros abrirnos a Jesús y disponer nuestro corazón para recibirlo. Así gozaremos de la vida nueva que nos da para enfrentar los desafíos que encontramos mientras peregrinamos en la tierra y alcanzar la resurrección y la vida con Dios para siempre.

- Invita a escuchar el pasaje del evangelio y a dejar que la Palabra de Dios penetre en su corazón y en su vida.

7. El **evangelizador/a "A":**

   - Proclama Juan 6, 35-40.

   - Invita a dejar unos minutos de silencio, para recibir el mensaje de Jesús en su corazón, y a seguirlo en su *Diario,* si así lo prefieren, p. 13.

Reflexión en grupos pequeños   10 minutos

8. El **evangelizador/a "B":** Indica que el diálogo en los grupos pequeños se hará guiados por las preguntas en el *Diario,* p. 13:

9. **Cada grupo pequeño** dialoga ayudado por las siguientes preguntas:

   - *Una persona con hambre, busca alimento; quien está desnutrida, necesita alimentarse. ¿En qué se nota el hambre del amor de Dios entre la juventud? ¿A qué grado está desnutrida y padece enfermedades por falta de amor?*

   - *Jesús quiere alimentar a los jóvenes de hoy con su amor liberador y misericordioso. Si te preguntara cómo hacerlo, ¿qué le aconsejarías?*

[Facilitación: Evangelizador/a "A"]
[Cuidado del tiempo: Evangelizador/a "B"]

ACTIVIDAD: PREPARAMOS NUDOS PERMANENTES   [10 minutos]

Comentario inicial e invitación para reflexionar   2 minutos

1. El **evangelizador/a "A":**

   - Relaciona la reflexión que se hará a continuación sobre los nudos permanentes con la actividad que se hizo sobre los nudos afectivos, indicando que para que nuestro amor humano crezca y sea dador de vida como el de Jesús, necesitamos estrechar nuestra relación con él y alimentarnos con la Eucaristía y con su Palabra. Así podremos mantener mejores relaciones con otras personas, fortalecerlas cuando se debilitan y restaurarlas cuando se rompen.

   - Invita a los participantes a pensar cómo pueden enriquecer o intensificar sus relaciones representadas en las vides, para que los nudos afectivos se afiancen y refuercen para que se conviertan en nudos permanentes, reforzados con el espíritu de Jesús.

Reflexión personal   6 minutos

2. El **evangelizador/a "A":** Guía a los participantes, paso a paso para que hagan su reflexión, en el *Diario,* p. 14, empezando con la vid de su relación con Jesús, p. 10.

3. **Cada joven** escribe en las vides su reflexión, conforme el evangelizador/a los guía:

> Jesús quiere que estemos unidos a él, como las ramas de la vid al tronco y que nos alimentemos de él, para que demos frutos de amor en nuestras relaciones. Seguiremos la reflexión con las vides:
>
> Regresa a la vid que representa tu relación con Jesús, p. 10:
>
> - En los cuatro racimos que no tienen uvas cayendo, escribe cómo Jesús enriquece o mejora tu vida personal.
>
> - En las tres siluetas de racimos de uvas, escribe aspectos de tu vida que necesitan ser nutridos por el amor de Jesús.
>
> - En los tres racimos con las uvas cayendo, tres maneras cómo puedes tú llevar el amor de Jesús a personas que lo necesitan.
>
> Teniendo presente que cuentas con Jesús para ayudarte a amar, regresa a la vid en la p. 9, que representa tus relaciones humanas más estrechas:
>
> - En el racimo con uvas que está en la rama de cada persona, escribe una palabra que represente cómo enriqueces su vida con tu amor.
>
> - En la silueta del racimo de uvas, en la rama de cada persona, escribe una palabra que indique lo que puedes hacer en el futuro para enriquecer su vida con tu amor.

Comentario final   2 minutos

4. El **evangelizador/a "A":**

- Hace el siguiente comentario:

> Hemos identificado acciones, sentimientos o actitudes que nos unen a varias personas y a Jesús. Todo lo que nos une y nos da la vida que Dios quiere, es fruto de su amor. Si hay aspectos en una relación que, en lugar de dar vida, les causan daño a ustedes o a la otra persona, hay que corregirlos.
>
> Piensen en su relación con cada persona representada en la primera vid y si hay algún aspecto que requiere corrección, escríbanlo al lado. Tendrán oportunidad de presentarlo en silencio a Jesús, para que los ayude a corregirlo.

- Concluye la actividad, invitando a cantar para prepararse a hacer su última reflexión sobre la sesión.

ACTIVIDAD: CANTO O EJERCICIO DE AMBIENTACIÓN [5 minutos]

[Facilitación: Evangelizador/a "B"]
[Cuidado del tiempo: Evangelizador/a "A"]

ACTIVIDAD: REVISAMOS NUESTRA VIDA ANTE JESÚS [15 minutos]

1. El **evangelizador/a "B":**

    - Indica que, al final de cada sesión, escribirán, en un papiro, los mensajes de Jesús más importantes que recibieron en ella, e irán llenando su cruz personal de la Misión, con símbolos que representen esos mensajes.

    - Invita a escribir en el papiro el mensaje de Jesús que les llegó más al fondo del corazón o que impactó más cómo llevar su vida, *Diario,* p. 15.

    - Comenta lo siguiente:

        La simbología ocupa un lugar muy importante en el lenguaje religioso. Permite expresar experiencias profundas e intensas que no se pueden describir de otro modo.

        Su cruz personal de la Misión, que está en la p. 43 tiene dos símbolos muy importantes: el arco iris, que representa la alianza de Dios con su pueblo, y la paloma, que es símbolo de la presencia del Espíritu Santo en nosotros y entre nosotros. De esta manera, junto con Jesús, está representada en su cruz, la Santísima Trinidad: Padre, Hijo y Espíritu Santo.

    - Invita a los participantes a dibujar dos símbolos que representen mensajes de Jesús, experiencias de fe, motivaciones del Espíritu, propósitos, etcétera, vividos en esta sesión. Pueden ser dibujos o una palabra con significado especial y deben tener un tamaño adecuado, para que quepan ocho símbolos, dos por sesión.

    - Da unos minutos para hacer el ejercicio.

2. **Cada joven** dibuja sus símbolos en su cruz personal de la Misión, *Diario,* p. 43.

CELEBRAR

ACTIVIDAD: JESÚS NOS FORTALECE PARA QUE DEMOS FRUTOS
[15 minutos]

1. El **evangelizador/a "B":**

   - Invita a los participantes a formar un círculo alrededor del altar y a entrar en espíritu de oración.

   - Toma la Cruz de la Misión que se encuentra en el altar, la besa, la eleva en lo alto y explica que la sesión terminará con un ritual. Les entregará la Cruz de la Misión, pronunciando unas palabras; cada joven la recibirá en sus manos y le responderá a Jesús en silencio, desde el fondo de su corazón.

   - Se acerca al evangelizador/a "A" y le dice:

     > Toma la Cruz, Jesús quiere estar más unido a ti para alimentarte y darte vida, de modo que puedas dar frutos de amor y bien para las personas con quienes convives. ¿Qué le respondes?

   - El evangelizador/a "A" toma entre sus manos la Cruz, y, observándola, dice a Jesús en silencio lo que nazca de su corazón. Pasa la Cruz a la persona a su derecha, repitiendo el ritual.

   - Así sucesivamente hasta terminar todos.

   - El evangelizador/a "B", invita a escribir en su *Diario,* p. 15, lo más significativo de su oración e indica que en la página final de cada sesión, quedan escritos los mensajes más fuertes de Jesús para cada quien y su respuesta personal a la Palabra de Dios.

2. El **evangelizador/a "A":**

   - Prepara la canción de esa sesión e invita a escucharla para oír la melodía y, sobre todo, para identificar la parte que tiene un significado más fuerte para cada uno/a en esos momentos.

   - Invita a cantarla juntos. Si la saben de memoria, pueden entonarla unidos de las manos.

- Pide a los participantes que pasen a dejar su etiqueta en el altar, como símbolo de que se mantendrán toda la semana cerca de "Jesús: vid y pan de vida", y a que coloquen su *Diario* en el cofre preparado para ello.

- Explica que se guardarán todos los *Diarios* en el cofre, el cual será sellado para asegurar la confidencialidad y será resguardado por uno de los evangelizadores hasta la siguiente sesión. Al final de la Misión se les entregará en un ritual especial en la Liturgia de Clausura.

ACTIVIDAD: AVISOS Y REFRIGERIO   [25 minutos]

1. El **anfitrión/a "B"** recuerda la fecha de la próxima sesión e invita a los participantes a traer uno o dos amigos, si hay cupo en la sede de la Misión. Les recuerda que hay Misiones en otros lugares, a las que también podrían asistir sus amigos.

2. El **anfitrión/a "A"** invita a compartir el refrigerio.

3. Los **dos anfitriones/as,** a la hora convenida para terminar la sesión:

- Despiden a los participantes de manera afectuosa y alegre, diciéndoles que los esperan en la próxima sesión.

- Recogen los gafetes o etiquetas de sus compañeros, para ser utilizados en la siguiente sesión.

JESÚS, EL AMIGO QUE DA LA VIDA HOY Y SIEMPRE

"Yo soy la resurrección y la vida. El que cree en mí, aunque haya muerto, vivirá."
—Juan 11, 25

"Yo soy el camino, la verdad y la vida. Nadie puede llegar hasta el Padre, sino por mí."
—Juan 14, 4

CAMINO VERDAD VIDA

OBJETIVOS

- Profundizar en el conocimiento de Jesús como salvador nuestro.

- Reflexionar sobre la necesidad de la salvación y vida que nos ofrece Jesús resucitado.

- Tomar conciencia de que la verdad revelada por Jesús, sobre Dios y sobre nosotros, es liberadora y generadora de vida.

- Anhelar la vida que Jesús nos ha prometido y disponerse a seguirlo, vivir cerca de él y tratar de parecernos a él.

MENSAJES VITALES

- Jesús es el Mesías, el Salvador, el único capaz de darnos vida y felicidad auténticas al tiempo que nos fortifica ante los desafíos que enfrentamos.

- Creemos en la persona, las obras y las palabras de Jesús.

- Jesús nos enseña el camino, nos ofrece la verdad y nos da la vida.

- Al seguir a Jesús llegamos al Padre amoroso en esta vida y en la otra.

Plan de la sesión

Momento	Actividad	Pasos	Material	Tiempo
SER	Bienvenida y oración inicial	**Bienvenida informal** • Dar la bienvenida y motivar una convivencia informal. • Entregar los gafetes o etiquetas y el *Diario*. **Apertura de la sesión** • Dar la bienvenida formal. • Tocar la canción lema y proyectar el videoclip. • Hacer la oración inicial, *Diario*, p. 18.	Gafetes o etiquetas con nombre *Diarios* CD/DVD de la Misión y aparatos para su uso Instrumentos musicales	20 min
	Decimos una verdad y dos mentiras	• Explicar la actividad y dar ejemplo de cómo hacerla en el *Diario*, p. 18. • Conducir la actividad en sesión plenaria. • Concluir la actividad.	*Diario* Lápices	25 min
VER	Pensamos en lo verdadero y lo falso en nuestra vida	**Introducción y reflexión personal** • Abrir el *Diario* p. 19. • Explicar la actividad y dirigirla. **Reflexión en grupos pequeños (GP)** • Dialogar, con base en las preguntas que están en el *Diario*, p. 20.	*Diario* Lápices	20 min
	Descanso			15 min
JUZGAR	Escuchamos la Palabra de Dios	**Comentario y proclamación de la Palabra** • Invitar a pensar en los nombres preferidos de Jesús. • Compartir en parejas. • Invitar a escuchar la Palabra de Dios, *Diario*, p. 21. • Proclamar Juan 11, 17-27. **Comentarios catequéticos** • Explicar la palabra *Mesías*. • Reflexión personal, No. 1, *Diario*, p. 21. • Explicar el significado de la *resurrección* que nos ofrece Jesús. **Proclamación de la Palabra y reflexión** • Volver a proclamar Juan 11, 17-27. • Reflexión personal, No. 2, *Diario*, p. 22. • Reflexionar en silencio; después en GP, *Diario*, p. 22. **Comentario final** • Concluir la actividad.	Biblia de la Misión *Diario*	40 min

MBJ

MOMENTO	ACTIVIDAD	PASOS	MATERIAL	TIEMPO
ACTUAR	Morimos para vivir	**Meditación: Parte 1** • Explicar la actividad. • Cubrir a los participantes. • Conducir la meditación. **Proclamación de la Palabra y reflexión personal** • Proclamar Juan 14, 1-7. • Ver el evangelio en *Diario,* p. 23. • Reflexión en silencio. **Meditación: Parte 2** • Invitar a aceptar la vida que nos ofrece Jesús. • Hacer un círculo con el grupo. • Compartir en parejas. • Concluir la actividad.	Biblia de la Misión Sábanas para cubrir	30 min
	Ambientación	Entonar un canto o hacer un ejercicio de ambientación.		5 min
EVALUAR	Revisamos nuestra vida ante Jesús	• Preparar la celebración (anfitriones; ver la actividad "Oramos con Jesús"). • Escribir el mensaje principal, *Diario,* p. 24. • Explicar qué es un símbolo y en qué consiste la actividad. • Dibujar los símbolos, *Diario,* p. 43.	*Diario* Lápices	15 min
CELEBRAR	Oramos con Jesús	**Preparación por los anfitriones** • Marcar un camino con semillas, hojas secas, pétalos o ramas. • Colocar las palabras "Camino", "Verdad" y "Vida" en el altar. **Celebración** • Organizar al grupo en parejas. • Hacer la oración al Espíritu Santo. • Explicar cómo hacer la oración personal. • Dar la señal a las parejas. • Hacer oración frente al altar. • Escribir la oración, *Diario,* p. 24. • Entonar la canción de la sesión.	Hojas secas, pétalos o ramas Palabras: "Camino", "Verdad" y "Vida" CD de la Misión Grabadora Instrumentos musicales	20 min
	Avisos y refrigerio	• Recordar la fecha de la siguiente sesión e invitar a amigos, si hay espacio. • Compartir el refrigerio. • Dar la despedida. Guardar los *Diarios,* gafetes o etiquetas en el cofre y sellarlo.	Refrigerio Cofre	25 min
			Total	**3:30 horas**

MATERIALES PARA LA SESIÓN

Altar

Elementos básicos

- ☐ Mantel, velas y flores
- ☐ Biblia de la Misión
- ☐ Cruz de la Misión
- ☐ Atril o cojín para colocar la Biblia abierta

Símbolos bíblicos

- ☐ 1. Vid o planta que se usó en la sesión anterior y una canasta con pan
- ☐ 2. Un camino para colocar en el altar, hecho de semillas, hojas secas, pétalos o ramas, con tres letreros pequeños que digan: "Camino", "Verdad" y "Vida"

Valija de la Misión

- ☐ LCD/DVD/TV o grabadora
- ☐ CD/DVD de la Misión
- ☐ Canasta con los gafetes o etiquetas con los nombres de los participantes y unos extra en blanco
- ☐ *Diarios* extra para nuevos participantes
- ☐ Cofre con los *Diarios de la Misión*
- ☐ Lápices

Arcón de la Sesión 2

- ☐ Mantas, telas, sábanas o cobijas para cubrir a cada uno de los participantes
- ☐ Semillas, hojas secas, pétalos o ramas para marcar un camino largo, que irá desde afuera del salón o de la casa, hasta el altar

Refrigerio

- ☐ Refrescos o agua fresca, galletas, papas fritas, cacahuates o maní...
- ☐ Vasos y servilletas

PROCESO DE LA SESIÓN

[Facilitación: Anfitriones/as y Evangelizador/a "B"]
[Cuidado del tiempo: Evangelizador/a "A"]

ACTIVIDAD: BIENVENIDA Y ORACIÓN INICIAL   **[20 minutos]**

Bienvenida informal   10 minutos

1. Los **anfitriones/as** dan la bienvenida a los participantes conforme llegan; les entregan su gafete o etiqueta, lápiz y *Diario de la Misión,* y los invitan a pasar al lugar donde se llevará a cabo la sesión. Ya iniciada ésta, los anfitriones se quedan en la puerta si faltan algunos invitados, y cuando llegan, los orientan sobre lo que está pasando y les piden que se incorporen a la actividad sin distraer a la comunidad.

Apertura de la sesión   10 minutos

2. Los **evangelizadores/as** inician la sesión puntualmente, con una bienvenida formal. Tocan la canción lema para fomentar la mística de la Misión, e invitan a los participantes a aprender el canto y a entonarlo juntos. De ser posible, proyectan el videoclip.

3. El **evangelizador/a "B"** inicia la sesión:

    *   Si hay jóvenes que asisten por primera vez, les pide que se presenten a lo demás y los invita a sentirse en casa.

    *   Invita a entrar en espíritu de oración para iniciar la sesión, *Diario,* p. 18. Se persigna y ora al Señor diciendo:

        > Dios nuestro, te damos gracias por habernos hecho a imagen y semejanza tuya. Gracias también por haber establecido una alianza de amor con tu pueblo y enviarnos a tu Hijo Jesús para sellarla y llevarla a plenitud.
        >
        > Queremos que Jesús nos enseñe el camino de la felicidad y la vida auténtica junto a ti. Envía tu Espíritu para que nos ayude siempre a caminar de su mano. Te lo pedimos por tu Hijo, Nuestro Señor Jesucristo, y por intercesión de María, nuestra madre. Amén.

ACTIVIDAD: DECIMOS UNA VERDAD Y DOS MENTIRAS [25 minutos]

1. El **evangelizador/a "B":**

    - Indica que harán un ejercicio para conocerse mejor y les pide que abran su *Diario,* en la p. 18.

    - Invita a los participantes a escribir tres enunciados sobre sí mismos, de los cuales *uno es verdad* y *dos son mentira;* por ejemplo: (a) soy la hermana mayor, (b) toco la guitarra y (c) me gusta bailar, *Diario,* p. 18.

    - Explica que los enunciados deben ser creíbles, para que sus compañeros no adivinen fácilmente cuál es la verdad. Da unos minutos para escribir.

    - Pide al evangelizador/a "A" que muestre cómo se hará la actividad y diga sus tres enunciados, identificándolos con las letras "a", "b" y "c", respectivamente.

    - Pide que levanten la mano, según lo que piensan, dando tiempo para apreciar cuántas manos están levantadas:

        o Levanten la mano los que piensan que la verdad es la opción "a".

        o Levanten la mano quienes creen que es la opción "b".

        o Levanten la mano quienes piensan que es la opción "c".

    - El evangelizador/a "A" revela cuál es la *verdad.*

2. El **evangelizador/a "A"** invita a cada participante, para que pase al frente, hasta que todos revelan su *verdad.*

3. El **evangelizador/a "B":**

    - Pide que la persona lea los tres enunciados que escribió.

    - Invita a que el grupo adivine lo que cree que es la verdad, siguiendo el ejemplo dado anteriormente.

    - Cuando todos han revelado su *verdad,* concluye la actividad explicando:

        > Muchas veces nos hacemos falsas ideas sobre quién es una persona, su personalidad, carácter, cualidades... También, en ocasiones, nos damos a conocer de manera incompleta o falsa, sea porque no hemos descubierto quiénes y cómo somos de verdad, o porque pensamos que así seremos mejor aceptados.

        > Para que una relación interpersonal se desarrolle de manera armónica y madura hay que fundamentarla en la verdad sobre nosotros mismos y ser auténticos siempre. Hoy reflexionaremos sobre esto a la luz de otros nombres simbólicos que se dio Jesús a sí mismo.

ACTIVIDAD: PENSAMOS EN LO VERDADERO Y LO FALSO EN NUESTRA VIDA [20 minutos]

Introducción y reflexión personal   10 minutos

1. El **evangelizador/a "B"**:

   - Invita a abrir el *Diario* en la p. 19, donde está la actividad: Pensamos en lo verdadero y lo falso en nuestra vida.

   - Recuerda a los participantes que su *Diario* es confidencial y les indica que no compartirán lo que escriban al hacer esta reflexión.

   - Explica cómo se hará el ejercicio.

2. **Cada joven** llena el cuadro: Pensamos en lo verdadero y lo falso en nuestra vida:

   - En el recuadro titulado Verdadero escribir: (a) tres cualidades personales o virtudes adquiridas y (b) tres defectos o limitaciones.

   - En el recuadro titulado Falso escribir: (a) dos falsedades que suelen compartir sobre ustedes, y (b) dos engaños o mentiras intencionales sobre ustedes, hechos últimamente.

Reflexión en grupos pequeños   10 minutos

3. El **evangelizador/a "B"** invita a reflexionar en grupos pequeños sobre lo que aprendieron al hacer el ejercicio, guiados por las preguntas en el *Diario,* p. 20.

   - *¿Qué te motiva a ser auténtico/a?*

   - *¿Qué consecuencias positivas trae ser auténticos, incluso sobre nuestros defectos?*

   - *¿Qué consecuencias negativas tiene ser falsos al relacionarnos con otras personas?*

   - *¿Qué necesitan hacer para ser más auténticos?*

ACTIVIDAD: DESCANSO   [15 minutos]

[Facilitación: Evangelizador/a "A"]
[Proclamación del evangelio y cuidado del tiempo: Evangelizador/a "B"]

ACTIVIDAD: ESCUCHAMOS LA PALABRA DE DIOS   [40 minutos]

Comentario, reflexión y proclamación de la Palabra   10 minutos

1. El **evangelizador/a "A":**

   - Invita a pensar en: (a) tres nombres con que más les gusta dirigirse a Jesús y por qué, y (b) cómo presentarían a Jesús a un chico/a, que les preguntará: "¿Quién dices tú que es Jesús?"

   - Da cinco minutos para compartir su reflexión, en parejas.

   - Indica que, en el pasaje del evangelio que se proclamará, aparece Jesús como el *Mesías.* Éste Comprender mejor este título ayudará a conocer la riqueza de los símbolos con que se describe Jesús a sí mismo, en los cuales se profundizará en esta sesión.

   - Invita a acallar el corazón y a prepararse para escuchar la Palabra de Dios. Pueden leerla al mismo tiempo en su *Diario,* p. 21.

2. El **evangelizador/a "B"** proclama Juan 11, 17-27.

Comentarios catequéticos   10 minutos

3. El **evangelizador/a "A":**

   - Hace el siguiente comentario sobre el significado de la palabra *Mesías:*

     > En este pasaje, Marta llama *Mesías* a Jesús. La palabra *mesías* viene del hebreo y quiere decir "ungido" [untado o bañado con aceite]. Proviene de un ritual que se usaba en la ceremonia de investidura de los reyes en el pueblo de Israel, en la que untaban de aceite al rey para simbolizar su fortalecimiento para poder ejercer su función.

     > En el Antiguo Testamento, los judíos usaban la palabra Mesías, para referirse a la persona prometida por Dios, que sería ungida como rey de Israel. Sería un salvador político que los liberaría de la opresión de sus enemigos y reinaría sobre el pueblo, instalando la paz y la justicia que tanto anhelaban.

Los primeros cristianos empiezan a llamar a Jesús, "Cristo", después de Pentecostés, cuando por la llegada del Espíritu Santo comprendieron que Jesús era el Mesías prometido. *Cristo* significa "ungido", en griego, y es el nombre más común dado a Jesús de Nazaret, después de su resurrección.

Jesús nunca fue ungido con aceite, sino con el Espíritu Santo. Él es el Señor, Rey de reyes, el Salvador de toda la humanidad. Sabemos que Jesús es el Mesías por la fe; por sus obras liberadoras y generadoras de vida, y por el testimonio de sus discípulos.

Comprendemos el tipo de libertad y vida que nos trae, escuchando su Palabra. Los invito a dejar que las obras y palabras de Jesús lleguen a su corazón e impacten su vida, de modo que lleven con él una relación de amor liberador y generador de vida, como la tuvieron sus discípulos.

- Invita a pensar con qué frecuencia dan a Jesús el título de *Cristo, Jesucristo, Mesías* o *Señor* y qué significa para ustedes nombrarlo así. Da unos minutos para hacer la Reflexión personal No. 1 y escribirla en el *Diario,* p. 21.

4. **Cada joven** reflexiona en silencio y escribe su reflexión en el *Diario,* p. 21.

5. El **evangelizador/a "A"** lee la siguiente explicación sobre el significado de la palabra *resurrección,* para evitar distorsiones teológicas:

Cuando Jesús llega a ver a Lázaro, éste lleva ya varios días en el sepulcro. Sin embargo, le devuelve la vida. Lo resucita de manera temporal, pues Lázaro volvió a morir. En un pasaje posterior, Jesús promete la resurrección y la vida eterna cuando dice:

Ha llegado la hora en que Dios va a glorificar al Hijo del hombre. Yo les aseguro que si el grano de trigo que cae en la tierra no muere, queda infecundo; pero si muere dará fruto abundante. Quien aprecie su vida terrena, la perderá; en cambio, quien sepa desprenderse de ella, la conservará para la vida eterna. Si alguien quiere servirme, que me siga; correrá la misma suerte que yo. Todo aquel que me sirva será honrado por mi Padre (Jn 12, 23-26).

Jesús vino al mundo para liberarnos del pecado y todo aquello que nos esclaviza y nos impide desarrollarnos como hijos/as de Dios. De niño y de joven, Jesús se preparó para su misión salvadora, la cual cumplió entregando su vida entera a ella, al grado de morir por nosotros en la cruz. Al resucitar, Jesús venció la muerte no sólo para él, sino para todo el que tiene fe en él.

La muerte y la resurrección de Jesús constituyen el misterio pascual, que es el fundamento de la fe cristiana. Nosotros vivimos por primera vez este misterio en el Bautismo, al morir al pecado y nacer a la gracia de vivir como hijo/a de Dios. Después lo revivimos cada vez en el sacramento de la Eucaristía.

Los invito a escuchar el evangelio otra vez, tomando el lugar de Lázaro. Cada uno de nosotros es el amigo/a amado/a de Jesús. Él nos regala la vida ahora y siempre.

Proclamación de la Palabra y reflexión sobre el evangelio 15 minutos

6. El **evangelizador/a "B"** vuelve a proclamar Juan 11, 17-27.

7. El **evangelizador/a "A":**

   - Invita a reflexionar en silencio sobre la siguiente pregunta: "¿Qué significa para ti que Jesús haya dicho: 'Yo soy la resurrección y la vida. El que cree en mí, aunque haya muerto vivirá'"? (Jn 11, 25). Piensa en tu vida en la tierra y en tu vida eterna con Dios. Reflexión personal No. 2, *Diario,* p. 22.

   - Da cinco minutos para la reflexión personal, *Diario,* p. 22.

   - Invita a continuar su reflexión, ahora en grupos pequeños, guiados por las preguntas en su *Diario,* p. 22. Da cinco minutos para dialogar.

8. **Cada grupo pequeño** dialoga al responder las siguientes preguntas:

   - *¿En qué ocasiones te has sentido sin ánimo, sin esperanza o con una carga emocional muy pesada?*

   - *¿Cómo has sentido que vuelves a la vida después de una dificultad muy fuerte?*

   - *¿Cuándo has sentido que tu fe en Jesús te regala vida?*

Comentario final   5 minutos

9. El **evangelizador/a "A"** concluye la actividad, con la siguiente explicación:

   La naturaleza humana es a la vez fuerte y poderosa, débil y limitada. Podemos hacer muchas cosas buenas, pero también fallamos; en ocasiones vamos por el buen camino y otras veces

MBJ

nos equivocamos. Podemos caer en hábitos no sanos y dejarlos atrás. Podemos desorientarnos y después, encontrar de nuevo el camino. Podemos alejarnos de Jesús y reconciliamos con él para caminar a su lado.

Lo importante es recurrir a Jesús para no caer y para recibir vida nueva cuando hemos fallado. Con Jesús siempre podemos enderezar la vida y caminar por ella con amor y libertad.

[Facilitación: Evangelizador/a "B"]
[Cuidado del tiempo: Evangelizador/a "A"]

ACTIVIDAD: MORIMOS PARA VIVIR [30 minutos]

Meditación: Parte 1 10 minutos

1. El **evangelizador/a "B"** invita a hacer una meditación en silencio. Pide que se acuesten en el suelo con los ojos cerrados y que se dejen cubrir con una manta.

2. Los **dos anfitriones** cubren a cada uno de los participantes con una sábana, cobija o manta.

3. El **evangelizador/a "B"** conduce la meditación, haciendo una pausa en los puntos suspensivos y después de cada párrafo. Las pausas más largas, donde hay que hacer una reflexión mayor, están indicadas.

> A partir de este momento toda tu atención estará en mi voz. Relaja tu cuerpo, empezando con los pies..., las piernas..., el estómago..., el tronco..., los brazos..., las manos..., el cuello..., la cabeza..., la cara...
>
> Respira lentamente..., escucha como pasa el aire por tu nariz a tus pulmones y de regreso... Imagínate que en unos minutos dejas de respirar..., estás ante el momento de tu muerte.
>
> Tus familiares y amigos están tristes... Acabas de morir y revisas tu vida junto con Jesús.
>
> Piensa en los momentos más felices y llenos de paz..., revívelos gozándolos de nuevo *[Pausa larga]*.
>
> Haz presentes tus ideales y anhelos más nobles..., ¿trabajaste por ellos? *[Pausa larga]*.

Ahora recuerda las penas y sufrimientos más fuertes..., las grandes incertidumbres y angustias..., ¿cómo las manejaste? *[Pausa larga]*.

Visualiza a grandes rasgos las etapas de tu vida... Reconoce aquéllas que has vivido cerca de Dios..., y en las que te has separado de él..., piensa en las razones por las que te alejaste de él *[Pausa larga]*.

Recuerda algunas veces que hiciste lo que Jesús nos enseña..., y otras en que actuaste de manera contraria a lo que desea de ti *[Pausa larga]*.

Estás triste por las veces que desperdiciaste la belleza y grandeza de la vida como hijo o hija de Dios... Vamos a guardar un minuto de silencio pidiendo perdón por el pecado de todos nosotros... *[Pausar por un minuto]*.

Al mismo tiempo, sabes que el Padre es bueno y misericordioso..., y que Jesús vino a salvarte..., a darte vida... Pon las manos en tu corazón y siéntelo palpitar.

Hoy Jesús quiere que te des cuenta de que tienes innumerables oportunidades para superar tus debilidades, que han ocasionado que a veces te alejaras de Dios, quiere que pienses cómo puedes madurar como persona cristiana.

Recordemos que Jesús es la resurrección y la vida; quien cree en él vivirá, aunque haya muerto... Él es el camino, la verdad y la vida; con Jesús, de seguro alcanzaremos la vida gloriosa y el amor pleno con Dios para siempre. Preparémonos para escuchar cómo Jesús se presenta con estas palabras.

Proclamación de la Palabra de Dios y reflexión personal 5 minutos

1. El **evangelizador/a "A":**

   - Proclama Juan 14, 1-7.

   - Invita a reflexionar sobre el mensaje de Jesús, y da tiempo para hacerlo.

Meditación: Parte 2 10 minutos

2. Los **dos evangelizadores/as** se dividen el grupo; se acercan a cada participante y le dicen en voz baja al oído, conforme le quitan la manta:

Jesús siempre está contigo. Quiere que tengas vida y te invita a que creas en él, quien es el Mesías, el camino, la verdad y la vida. Levántate y siéntate en círculo junto con Jesús y tus compañeros.

Jesús siempre forma comunidad, fue lo primero que hizo al empezar su misión. En la primera sesión vimos como todas las ramas de la vid, que representan a la comunidad cristiana están íntimamente unidas al tronco y formamos una unidad, capaz de dar frutos.

Esta comunidad continúa hasta nuestros días en la iglesia. Al participar en la Eucaristía, nos nutrimos de Jesús, pan de vida y eso nos fortalece como comunidad de discípulos suyos.

3. **Cada joven,** piensa en su aceptación de Jesús como el Mesías y su salvador, se levanta y se sienta en un círculo. Continúan en silencio.

4. El **evangelizador/a "B"** termina la meditación, leyendo:

Jesús quiere que tengamos vida en abundancia.., dio la vida por nosotros y quiere que dejemos atrás lo que nos aleja de él.., que sigamos sus huellas para ser más parecidos a él.

Jesús nos salva de una vida sin sentido... Nos da paz en momentos de angustia.., fortaleza ante el dolor..., perdón ante nuestro pecado.., esperanza en tiempos difíciles.

Jesús es el *camino.* Con él y a través de él tenemos paz, obtenemos la felicidad auténtica y con seguridad llegamos al Padre y alcanzamos la vida eterna con Dios.

Jesús es la *verdad.* Si lo escuchamos, descubrimos la verdad sobre Dios y sobre nosotros mismos y ésta nos hace libres; los amigos de Jesús aman la verdad y gozan con ella.

Jesús es la *vida.* Vivir al estilo de Jesús nos llena de alegría, nos da gran vitalidad para hacer el bien y da sentido a nuestra vida. ¡La vida con Jesús, vale la pena vivirla!

Repitan todos conmigo: Amén... ¡Aleluya!... ¡Aleluya!... ¡Gloria a Dios!

5. **En parejas** comparten en qué momentos de la meditación se dieron cuenta o sintieron que Jesús les dio nueva vida.

6. El **evangelizador/a "B"** concluye la actividad e invita a cantar para prepararse a hacer su última reflexión sobre la sesión.

ACTIVIDAD: CANTO O EJERCICIO DE AMBIENTACIÓN [5 minutos]

EVALUAR

ACTIVIDAD: REVISAMOS NUESTRA VIDA ANTE JESÚS　　[15 minutos]

1. Mientras se hace la evaluación, los **anfitriones/as** marcan un camino desde afuera de la casa o el salón hasta el altar, con semillas, hojas secas, pétalos o ramas. Al centro del altar debe estar la Biblia abierta y las palabras: "Camino", "Verdad" y "Vida", en carteles pequeños, con letra grande y visible.

2. El **evangelizador/a "A":**

   - Recuerda que es momento de revisar la sesión y escribir las palabras de Jesús que más llegaron a su corazón e impactaron su vida.

   - Da un tiempo para escribir el mensaje, en el *Diario,* p. 24.

   - Hace el siguiente comentario:

     > El lenguaje simbólico nos permite penetrar y expresar las realidades profundas de la vida. Usamos corazones para expresar el amor; el color blanco para simbolizar la pureza; el agua para representar la vida y la fecundidad… Para acercarnos al misterio de Dios y comunicar nuestra experiencia de él, creamos símbolos con significado religioso. Hoy añadiremos otros símbolos a la cruz personal de la Misión, para expresar nuestro encuentro con Jesús en esa sesión.

   - Invita a dibujar dos símbolos que representen mensajes de Jesús, experiencias de fe, motivaciones del Espíritu, propósitos personales…, vividos en esta sesión. Recuerda que pueden ser dibujos o palabras con significado especial y que su tamaño sea adecuado, para que quepan otros cuatro símbolos.

   - Da unos momentos de silencio para hacer el ejercicio.

3. **Cada joven** dibuja sus símbolos en su cruz personal de la Misión, p. 43.

MBJ

 **CELEBRAR**

ACTIVIDAD: ORAMOS CON JESÚS   [20 minutos]

1. El **evangelizador/a "A":**

   - Pide a sus compañeros que formen una fila, en parejas, al inicio del camino. Cuando están en orden, los invita a guardar silencio, cerrar los ojos e inclinar la cabeza.

   - Hace una oración al Espíritu Santo para que descienda sobre todos los jóvenes presentes:

     > Ven, Espíritu Santo, e inspira nuestra oración. Ayúdanos a expresar lo que siente nuestro corazón y lleva nuestras palabras hasta Jesús, camino, verdad y vida.

   - Invita a sus compañeros a dejar que el Espíritu Santo los ayude a pedir a Jesús sobre lo que más necesitan en esos momentos de su vida, tomando en cuenta el mensaje de esta sesión.

   - Indica que, cuando sientan que los tocan en el hombro, deberán recorrer lentamente el camino y al llegar frente al altar arrodillarse y ofrecer su oración a Jesús, en voz alta o en silencio. Al terminar cada uno deben decir: "Escucha, Jesús, mi oración" y todo el grupo contesta: "Te lo pedimos, Señor".

   - Al concluir su oración, colocan su gafete o etiqueta en el altar, como símbolo de que se mantendrán cerca de Jesús durante la semana. Después cada pareja se coloca a los lados del camino.

2. **Todos los jóvenes:**

   - Pasan a rezar su oración, en parejas, incluidos los evangelizadores/as y los anfitriones/as siguiendo las instrucciones.

   - Escriben la oración que dijeron a Jesús ante el altar en el *Diario,* p. 24.

   - Entonan la canción de la sesión.

   - Colocan sus *Diarios* en el cofre, que será sellado por los anfitriones cuando todos los *Diarios* estén dentro.

ACTIVIDAD: AVISOS Y REFRIGERIO [25 minutos]

1. El **anfitrión/a "A"** recuerda la fecha de la próxima sesión e invita a los participantes a traer uno o dos amigos, si hay cupo en la sede de la Misión. Les recuerda que hay Misiones en otros lugares, a las que también podrían asistir sus amigos.

2. El **anfitrión/a "B"** invita a compartir el refrigerio.

3. Los dos **anfitriones/as,** a la hora convenida para terminar la sesión:

   • Despiden a los participantes de manera afectuosa y alegre, diciéndoles que los esperan en la próxima sesión.

   • Recogen los gafetes o etiquetas de sus compañeros, para ser utilizados en la siguiente sesión.

SESIÓN 3

JESÚS, EL BUEN PASTOR, ME AMA, ME LLAMA Y ME DA VIDA

"Yo soy la puerta por la que deben entrar las ovejas...
Todo el que entre... por esta puerta, estará a salvo, y sus esfuerzos por buscar el alimento no serán en vano."
—Juan 10. 7. 9

"Yo soy el buen pastor.
El buen pastor da la vida por sus ovejas..., conozco a mis ovejas y ellas me conocen a mí."
—Juan 10, 11. 14

OBJETIVOS

- Sentir el calor del amor de Jesús, quien siempre está a nuestro lado.
- Tomar conciencia de la necesidad de recurrir a Jesús, el Buen Pastor.
- Descubrir que Jesús nos llama y nos encomienda una misión.
- Responder a Jesús con todo nuestro ser, conscientes de que seguirlo implica tratar de ser como él.

MENSAJES VITALES

- Jesús es el Buen Pastor; es mi pastor, yo soy su oveja.
- Jesús sale a mi encuentro, siempre está conmigo para darme su vida, no sólo cuando me siento débil, estoy perdido/a o he sido herido/a.
- Jesús me ama, me conoce íntimamente, me llama por mi nombre y me invita a ser parte de su comunidad de discípulos misioneros.
- Yo le respondo abriéndome a su amor y compartiéndolo con otras personas, siguiendo su ejemplo de ser buen pastor/a.

PLAN DE LA SESIÓN

MOMENTO	ACTIVIDAD	PASOS	MATERIAL	TIEMPO
SER	Bienvenida y oración inicial	**Bienvenida informal** • Dar la bienvenida y motivar una convivencia informal. • Entregar los gafetes o etiquetas y el *Diario*. **Apertura de la sesión** • Dar la bienvenida formal. • Tocar la canción lema y proyectar el videoclip. • Hacer la oración inicial, *Diario*, p. 26.	Gafetes o etiquetas con nombre *Diario* Lápices CD/DVD de la Misión y aparatos para su uso Instrumentos musicales	20 min
	Valoramos la importancia de saber escuchar	• Explicar la actividad y dar ejemplo de cómo hacerlo. • Realizar la actividad. • Reflexionar en sesión plenaria.	Papeles con palabras; ver ejemplo en el *Cuaderno*, p. 63	20 min
VER	Nos relacionamos con Jesús como nuestro pastor	**Reflexión guiada paso a paso** • Ver *Diario*, pp. 26-27. • Introducir la actividad sobre los "Problemas o desafíos personales" y "de otras personas". • Dirigir la actividad paso a paso. **Reflexión en grupos pequeños (GP)** • Dialogar sobre las preguntas en GP, *Diario*, p. 27. **Conclusión en sesión plenaria** • Concluir la actividad con una reflexión.	*Diario* Lápices	25 min
		Descanso		15 min
JUZGAR	Escuchamos la Palabra de Dios	**Introducción y proclamación de la Palabra** • Invitar a escuchar la Palabra de Dios y a identificar los mensajes centrales en cada pasaje del texto, *Diario*, p. 28. • Proclamar Juan 10, 1-5. Hacer pausa. • Proclamar Juan 10, 6-10. Hacer pausa. • Proclamar Juan 10, 11-16. Hacer pausa. **Reflexión en grupos pequeños** • Dialogar en GP, *Diario*, p. 29.	Biblia de la Misión *Diario*	25 min

MOMENTO	ACTIVIDAD	PASOS	MATERIAL	TIEMPO
ACTUAR	Respondemos a Jesús, quien nos llama por nuestro nombre	**Reflexión personal** • Hacer el ejercicio sobre el perfil de Jesús, el Buen Pastor, *Diario,* p. 30. **Preparación por los anfitriones** • Colocar la puerta de papel con la figura de Jesús. • Organizar a los participantes. • Tener listas las tarjetas con los nombres de los participantes. **Entrada por la puerta que simboliza a Jesús** • Introducir la actividad. • Llamar a uno a uno a los participantes. **Reflexión personal** • Reflexión y oración personal.	*Diario* Puerta de papel con la figura de Jesús Tarjetas de Jesús, el Buen Pastor	40 min
	Ambientación	Entonar un canto o hacer un ejercicio de ambientación.		5 min
EVALUAR	Revisamos nuestra vida ante Jesús	• Escribir el mensaje principal, *Diario,* p. 31. • Dibujar los símbolos, *Diario,* p. 43.	*Diario*	10 min
CELEBRAR	Hacemos una ofrenda y un compromiso	**Comentario e instrucciones** • Explicar la actividad y hacer comentario sobre el significado de hacer un compromiso con Jesús. **Rito de ofrenda y compromiso** • Hacer la ofrenda y firmar la figura de Jesús en la puerta. • Cantar "El Señor es mi Pastor". • Escribir su oración en el *Diario,* p. 31. • Concluir el ritual. • Guardar los *Diarios* en el cofre.	CD de la Misión Grabadora Instrumentos musicales Tarjetas Marcador con tinta indeleble Cofre	20 min
	Avisos y refrigerio	• Recordar la fecha de la siguiente sesión. Ya no se invita a amigos, ya que será la última reunión. • Compartir el refrigerio. • Dar la despedida. Guardar los *Diarios,* gafetes o etiquetas en el cofre y sellarlo.	Refrigerio	30 min
			Total	**3:30 horas**

MATERIALES PARA LA SESIÓN

Altar

Elementos básicos

- ☐ Mantel, velas y flores
- ☐ Biblia de la Misión
- ☐ Cruz de la Misión
- ☐ Atril o cojín para colocar la Biblia abierta

Símbolos bíblicos

- ☐ 1. Vid o planta que se utilizó en la Sesión 1 y una canasta con pan
- ☐ 2. Un camino para colocar en el altar, hecho de semillas, pétalos, hojas secas o ramas, con tres letreros pequeños que digan: "Camino", "Verdad" y "Vida".
- ☐ 3. Un redil y unas ovejas; pueden ser del nacimiento o hechos con palitos y algodón

Valija de la Misión

- ☐ LCD/DVD/TV o grabadora
- ☐ CD/DVD de la Misión
- ☐ Canasta con gafetes o etiquetas con los nombres de los participantes y unos extra en blanco
- ☐ *Diarios* extra para nuevos participantes
- ☐ Cofre con los *Diarios de la Misión*
- ☐ Lápices

Arcón de la Sesión 3

- ☐ Papeles con una palabra para cada participante, doblados para que la palabra no se vea. Un papel de cada tipo, además de la palabra, deberá tener la palabra "Líder". Ver ejemplo en este *Cuaderno,* p. 63
- ☐ Una puerta de papel, tamaño natural, con la figura de Jesús, el Buen Pastor, dibujada de un lado. Ver modelo en este *Cuaderno,* p. 63
- ☐ Una tarjeta de media página, con el dibujo de Jesús, el Buen Pastor, con el nombre de cada participante escrito en la oveja. Ver modelo en este *Cuaderno,* p. 64
- ☐ Dos marcadores con tinta indeleble

Refrigerio

- ☐ Refrescos o agua fresca, galletas, papas fritas, cacahuates o maní...
- ☐ Vasos y servilletas

MBJ

PROCESO DE LA SESIÓN

[Facilitación: Anfitriones/as y Evangelizador/a "A"]
[Cuidado del tiempo: Evangelizador/a "B"]

ACTIVIDAD: BIENVENIDA Y ORACIÓN INICIAL   **[20 minutos]**

Bienvenida informal   10 minutos

1. Los **anfitriones/as** dan la bienvenida a los participantes conforme llegan; les entregan su gafete o etiqueta, lápiz y *Diario de la Misión,* y los invitan a pasar al lugar donde se llevará a cabo la sesión. Ya iniciada ésta, los anfitriones se quedan en la puerta si faltan algunos invitados, y cuando llegan, los orientan sobre lo que está pasando y les piden que se incorporen a la actividad sin distraer a la comunidad.

Apertura de la sesión   10 minutos

2. Los **evangelizadores/as** inician la sesión puntualmente, con una bienvenida formal. Tocan la canción lema para fomentar la mística de la Misión, e invitan a los participantes a aprender el canto y a entonarlo juntos. De ser posible, proyectan el videoclip.

3. El **evangelizador/a "A"** inicia la sesión de la siguiente manera:

   - Si hay jóvenes que asisten por primera vez, les pide que se presenten a los demás y los invita a sentirse en casa.

   - Invita a entrar en espíritu de oración para iniciar la sesión, *Diario,* p. 26. Se persigna y ora al Señor diciendo:

     > Padre bueno, te damos gracias porque desde nuestro bautismo nos hiciste hijos e hijas tuyos. Gracias también porque nos reúnes como el rebaño de Jesús.
     >
     > A veces nos sentimos solos o desorientados y necesitamos amor, apoyo y dirección. Queremos que Jesús sea nuestro pastor, el Buen Pastor que vela por nosotros, pues sabemos que él siempre busca nuestro bien.

Envíanos tu Espíritu para que seamos fieles seguidores suyos. Te lo pedimos por tu Hijo, Nuestro Señor Jesucristo, y por intercesión de María, nuestra madre. Amén.

ACTIVIDAD: VALORAMOS LA IMPORTANCIA DE SABER ESCUCHAR
[20 minutos]

El **evangelizador/a "A":**

- Explica la dinámica:
    - Este ejercicio consiste en formar tres equipos, asignados con una palabra diferente para cada uno.
    - A cada persona se le entregará un papel doblado, que no debe enseñar a nadie. En ese papel hay una palabra que corresponde al nombre de su equipo.
    - Existen tres papeles que, además de la palabra que designa al equipo, tienen escrita la palabra "Líder". Esas personas deberán congregar a su equipo, repitiendo constantemente la palabra que se les asignó.
    - A la cuenta de tres, todos los participantes, incluyendo los líderes, deberán moverse continuamente y repetir en voz alta la palabra que les tocó, sin parar ni un momento y con los brazos cruzados en la espalda.
    - El objetivo es ver qué equipo se forma más pronto, escuchando su llamado en medio del caos.
- Cuenta hasta tres y, junto con el evangelizador/a "B", cuida que todos repitan constantemente la palabra asignada y que mantengan los brazos cruzados atrás.
- Cuando todos los jóvenes están con su líder, abre un diálogo en sesión plenaria, utilizando las siguientes preguntas para guiar la reflexión sobre la experiencia:
    - *¿Qué tanto trabajo les costó escuchar y distinguir la palabra que los identificaba como equipo? ¿Por qué?*
    - *¿Qué necesitan para escuchar un mensaje en medio del ruido?*
    - *¿Qué les ayudó a identificar la voz de su líder?*
    - *Los líderes, ¿qué estrategias utilizaron para mostrarse como líderes?*

MBJ

ACTIVIDAD: NOS RELACIONAMOS CON JESÚS COMO NUESTRO PASTOR

[25 minutos]

Reflexión guiada paso a paso

10 minutos

1. El **evangelizador/a "A":**

   - Comienza la actividad con esta reflexión:

     > En el ejercicio anterior tuvieron que identificar a su líder y a sus compañeros de equipo. Tal vez tuvieron ansiedad ante la confusión de señales que recibieron. Pero al reunirse todos con su líder, sintieron satisfacción por haber logrado el objetivo.
     >
     > En la vida sucede algo similar. Escuchamos diferentes mensajes: la televisión ve normal la infidelidad de los esposos, las relaciones sexuales fuera de matrimonio, "solucionar" problemas con la violencia... la iglesia insiste en lo sagrado del matrimonio, el respeto a sí mismos y a los demás, la necesidad del diálogo y el perdón, la urgencia de promover la paz... un buen amigo/a nos invita a jugar deportes, participar en la iglesia, hacer acciones sociales... Hoy reflexionaremos sobre nuestra habilidad de escuchar a Jesús y lo importante que es para nuestra vida.

   - Invita a abrir el *Diario* en la p. 26, donde hay una tabla que se refiere a problemas o desafíos personales que tuvieron en el pasado.

   - Explica cómo hacer la reflexión personal:

     o *En la primera columna,* escribe dos problemas o desafíos serios que hayas enfrentado en tu vida.

     o *En la segunda columna,* escribe las debilidades que sentías al enfrentar dichos problemas o desafíos.

     o *En la tercera columna,* escribe el nombre de las personas que más te ayudaron, en cada caso, y una palabra que te recuerde su consejo o ayuda. Si nadie te ayudó, escribe cómo te sentiste y qué hiciste para enfrentar el problema o desafío.

- En la siguiente página (p. 27), hay otra tabla semejante, que se refiere a problemas o desafíos de otras personas:
  - *En la primera columna,* escribe el nombre de dos personas a las que tú hayas apoyado o ayudado ante un problema o desafío que tuvieron.
  - *En la segunda columna,* escribe unas palabras que sinteticen el problema o desafío de cada persona.
  - *En la tercera columna,* escribe los dones o fortalezas que poseías y que te permitieron ayudar a cada una.

2. **Cada joven** reflexiona sobre su vida, escribiendo en las dos tablas, conforme el evangelizador/a guía cuando hacerlo.

Reflexión en grupo pequeño   10 minutos

3. El **evangelizador/a "A"** invita a reflexionar en grupos pequeños, guiados por las siguientes preguntas, las cuales están el *Diario,* p. 27:

   - *En tus desafíos personales, ¿a qué personas acudiste: amigos de tu edad, padres, amigos adultos, maestro/a, sacerdote...?*
   - *Ante tus problemas, ¿acudiste a Jesús? ¿Qué le pediste?*
   - *¿Por qué decidiste apoyar a otra persona que tenía problemas?*

Conclusión   5 minutos

4. El **evangelizador/a "A"** finaliza la actividad con las siguientes ideas:

A veces olvidamos que Dios nos creó para vivir en relación y apoyarnos mutuamente. Esa es una de las razones por las que Jesús creó una comunidad y nos enseñó a vivir como hermanos y hermanas y a ser solidarios con los más necesitados.

Jesús habló sobre esto con frecuencia y dio ejemplo de muchas maneras de cómo hacerlo. También nos dejó su Espíritu para que podamos ser y comportarnos como su comunidad y ayudarnos unos a otros a lo largo de la vida.

Leamos cómo se define Jesús para comunicarnos que somos parte vital de su comunidad. No importa el tipo ni la gravedad del problema, junto a él encontraremos una respuesta positiva y nos sentiremos queridos y apoyados por su amor. Jesús siempre nos ayuda; cuando estamos cerca de él, no estamos perdidos ni deambulando sin dirección segura.

ACTIVIDAD: DESCANSO   [15 minutos]

MBJ

[Facilitación: Evangelizador/a "B"]
[Proclamación del evangelio y cuidado del tiempo: Evangelizador/a "A"]

ACTIVIDAD: ESCUCHAMOS LA PALABRA DE DIOS   [25 minutos]

Introducción y proclamación de la Palabra   10 minutos

1. El **evangelizador/a "B":**

   - Invita a sus compañeros a poner su corazón en silencio y prepararse para escuchar la Palabra de Dios.

   - Les pide que, al escuchar el evangelio, identifiquen los mensajes principales que da Jesús en este pasaje y que dejen que la Palabra de Dios penetre en lo más profundo de su ser e impacte su vida.

   - Recuerda que pueden, sólo escuchar al evangelizador/a o seguir la lectura en su *Diario,* p. 28, lo que más les ayude a comprender el mensaje de Jesús.

2. El **evangelizador/a "A":**

   - Proclama Juan 10, 1-5.

   - Hace una pausa e invita a reflexionar con el corazón sobre este pasaje.

   - Proclama Juan 10, 6-10.

   - Hace una pausa e invita a reflexionar sobre lo que acaba de leer.

   - Proclama Juan 10, 11-16.

   - Hace una pausa e invita a reflexionar sobre el final de la lectura.

Reflexión en grupos pequeños   15 minutos

3. El **evangelizador/a "B"** indica que compartirán su reflexión en grupos de tres o cuatro personas.

4. **Cada grupo pequeño** dialoga para responder las siguientes preguntas guía en su *Diario,* p. 29:

   - *¿Qué símbolos utiliza Jesús para explicar a sus discípulos quién es él?*

   - *¿Qué mensajes dadores de vida comunica Jesús al usar esa simbología?*

   - *De este evangelio, ¿qué es lo que más les llega al corazón y es motivo de vida nueva para cada uno de ustedes?*

   - *¿Qué símbolos usaría Jesús si viviera en la cultura de hoy día?*

[Facilitación: Evangelizador/a "B"]
[Cuidado del tiempo: Evangelizador/a "A"]

ACTIVIDAD: RESPONDEMOS A JESÚS, QUIEN NOS LLAMA POR NUESTRO NOMBRE
[45 minutos]

Reflexión personal
15 minutos

1. El **evangelizador/a "B"**:

   - Indica abrir el *Diario* en la p. 30 e invita a los jóvenes a elaborar el perfil de Jesús como el Buen Pastor de la siguiente manera: leer cada pasaje en la columna izquierda del cuadro; identificar tres características de Jesús en ese texto, y anotarlas en la columna de la derecha.

     o Juan 10, 1-5

     o Juan 10, 6-10

     o Juan 10, 11-16

   - Invita a que cada joven revise las nueve características de Jesús e identifique las dos que más le atraen para ser como Jesús, el Buen Pastor, en el medio ambiente en donde se desenvuelve, y pide que las escriban al final del cuadro.

Preparación por los anfitriones/as

2. Ambos **anfitriones/as**:

   - Mientras hace lo anterior, colocan el dibujo de la puerta de papel con Jesús dibujado en ella, en un lugar adecuado para hacer la actividad.

   - Organizan a los asistentes: los evangelizadores deben quedar de un lado de la puerta y los participantes del otro.

   - Entregan a los evangelizadores/as las tarjetas del Buen Pastor, cuya muestra está en este *Cuaderno,* p. 64.

Entrada por la puerta que simboliza a Jesús   15 minutos

3. El **evangelizador/a "B"** explica:

    > Nadie está aquí por casualidad. Jesús nos invitó a cada persona en particular, para que lo conozcamos mejor y nos dé su mensaje.
    >
    > Llegamos a un momento muy especial. En nombre del Buen Pastor, [nombre del evangelizador/a "A"], nos llamará a uno por uno, para que todos seamos parte del rebaño de Jesús y, como discípulos suyos, nos convirtamos en buenos pastores. Al ser llamados, pasarán por la puerta, que simboliza a Jesús, como dijo el evangelio.

    Les dice que para esta oración necesitan llevar su lápiz consigo.

4. El **evangelizador/a "A"** llama a uno por uno a los participantes, desde el otro lado de la puerta. Cuando pasan a su lado, les dice en voz baja:

    > Gracias, [nombre], por venir. Jesús tiene esta invitación para ti. Arrodíllate frente al altar, léela y medítala en tu corazón, ¿qué te dice Jesús? ¿Qué le respondes? Escríbelo en las líneas que están destinadas para ello.

Reflexión personal   10 minutos

5. **Cada joven** hace lo siguiente al escuchar su nombre:

    *   Cruza la puerta y recibe la tarjeta con la invitación de parte de Jesús.

    *   Se arrodilla en silencio cerca del altar para meditar sobre la invitación que está escrita en la tarjeta y escribir su respuesta a Jesús. Se quedan con la tarjeta.

    *   Los **evangelizadores** también toman una tarjeta y oran frente al altar.

ACTIVIDAD: CANTO O EJERCICIO DE AMBIENTACIÓN   [5 minutos]

EVALUAR

ACTIVIDAD: REVISAMOS NUESTRA VIDA ANTE JESÚS   [10 minutos]

1. El **evangelizador/a "A",** en el clima de oración y recogimiento de la actividad anterior:

   - Invita a abrir el *Diario* en la p. 31. Recuerda que es tiempo para escribir las palabras de Jesús que más llegaron a su corazón en esta sesión y que más impactaron su vida.

   - Da un tiempo para que escriban el mensaje de Jesús.

   - Invita a expresar con dos símbolos o palabras cómo se relaciona la experiencia de esta sesión con su vida cotidiana, cuidando de dejar espacio suficiente para los dos símbolos correspondientes a la última sesión.

   - Da unos momentos de silencio para hacer el ejercicio.

2. **Cada joven** dibuja sus símbolos en su cruz personal de la Misión, *Diario,* p. 43.

CELEBRAR

ACTIVIDAD: HACEMOS UNA OFRENDA Y UN COMPROMISO
[20 minutos]

Comentario e instrucciones   5 minutos

1. El **evangelizador/a "A"** cierra la sesión diciendo lo siguiente:

   Cada uno de nosotros recibió una tarjeta personalizada en la oveja que dialoga con Jesús. En ella escribimos nuestra respuesta a la invitación de Jesús a seguirlo como discípulos misioneros. Colocaremos esa tarjeta en el altar, como signo de nuestro amor a Jesús, el Buen Pastor, con lo escrito por ustedes hacia abajo, para mantener confidencialidad.

Jesús nos invita a ser buenos pastores como él, para los jóvenes que necesitan el amor y la vida de Dios. ¡Qué honor y responsabilidad que cuente con nosotros! ¿Cómo podemos ser seguidores de Jesús, que se convierten en buenos pastores al igual que él?

Recuerden que Dios siempre respeta nuestra libertad. Habla, nos llama, nos cuestiona..., y deja que nosotros libremente decidamos cuál es nuestra respuesta.

Quienes deseen comprometerse a seguir a Jesús, el Buen Pastor, y aceptar su invitación a ser buenos pastores a su estilo, firmará con su nombre la imagen del Buen Pastor en la puerta, como signo de su compromiso. Quienes no estén listos para este compromiso, pueden firmar también, diciendo a Jesús lo que nazca desde el fondo de su corazón.

Comprometerse va más allá de cumplir con una obligación; es poner en acción nuestros dones y capacidades, para sacar adelante lo que se nos ha confiado y en lo que estamos de acuerdo consciente y libremente. Una persona comprometida hace más de lo esperado al grado de sorprendernos, porque vive, piensa y sueña con cumplir aquello en lo que ha empeñado su palabra. Por eso el compromiso siempre es fuente de vida y de gozo, aunque implique trabajo, dolor y sacrificio.

Rito de ofrenda y compromiso   15 minutos

2. **Cada joven** pasa al altar a ofrecer su tarjeta a Jesús. Después firma la puerta con la imagen de Jesús, expresándole en silencio el significado de su firma.

3. Mientras pasan a ofrecer su tarjeta y a firmar la puerta, cantan "El Señor es mi Pastor".

4. Al terminar la canción, el **evangelizador/a "A"** continúa el rito:

   - Invita a escribir en su *Diario,* p. 31, lo que dijeron a Jesús al firmar su nombre en la puerta con la imagen del Buen Pastor.

   - Recoge las tarjetas que están sobre el altar y empieza a llamar a los jóvenes uno a uno, por su nombre, escrito en la oveja.

   - Al entregarle la tarjeta, le hace la señal de la cruz en la frente y le dice:

     Que el Espíritu Santo te ayude a responder a Jesús y a ser buen pastor para quien lo necesita.

   - El/la joven responde: "Así sea", recoge su tarjeta y guarda su *Diario* en el cofre, que será sellado por los anfitriones y entregado a todos en la siguiente sesión.

ACTIVIDAD: AVISOS Y REFRIGERIO   [30 minutos]

1. El **anfitrión/a "B"** recuerda la fecha de la próxima sesión. Ya no invita a que traigan nuevos participantes, ya que sólo queda la sesión final. Les recuerda que hay Misiones en otros lugares y fechas, a las que podrían asistir sus amigos.

2. El **anfitrión/a "A"** invita a compartir el refrigerio.

3. Los dos **anfitriones/as,** a la hora convenida para terminar la sesión:

   • Despiden a los participantes de manera afectuosa y alegre, diciéndoles que los esperan la próxima sesión.

   • Recogen los gafetes o etiquetas de sus compañeros, para ser utilizados en la siguiente sesión.

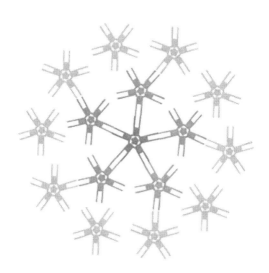

ANEXO SESIÓN 3

Ejemplos

1. Papeles para la actividad, "Valoramos la importancia de saber escuchar".

Mala	Mala	Mala	Mala Líder
Pala	Pala	Pala	Pala Líder
Bala	Bala	Bala	Bala Líder

2. Puerta con Jesús para la actividad, "Escuchamos a Jesús que nos llama por nuestro nombre", a ser reproducida en tamaño de una puerta normal.

3. Tarjeta para la actividad:
   "Respondemos a Jesús que nos llama por nuestro nombre"

¡VEN! ¡SÍGUEME!

DESEO DARTE MI AMOR Y CUIDARTE SIEMPRE.

TE INVITO A SER MI DISCÍPULO/A MISIONERO/A.

NECESITO PASTORES JÓVENES ENTRE LA JUVENTUD DE HOY.

MBJ

MBJ

MBJ

JESÚS ES LA LUZ DEL MUNDO;
YO QUIERO SER LUZ PARA MIS SEMEJANTES

"Yo soy la luz del mundo.
El que me siga
no caminará a oscuras,
sino que tendrá la luz de la vida."
—Juan 8, 12

"Ustedes son la luz del mundo....
Brille su luz delante
de las personas."
—Mateo 5, 14. 16

OBJETIVOS

- Tomar conciencia de la necesidad de que la Palabra de Dios ilumine la vida de toda persona.
- Aceptar a Jesús como la luz que ilumina nuestra vida e historia personal.
- Identificar en Jesús el modelo de persona plena que debemos seguir.
- Hacer el propósito de ser luz para los demás.

MENSAJES VITALES

- La luz de Jesús nos ayuda a ver las cosas desde el punto de vista de Dios.
- Quiero ser como Jesús, luz para el mundo.
- Me esforzaré para que la luz de Jesús brille, a través de mí, para los demás.
- Jesús me invita a ser plenamente yo mismo/a, respondiendo a mi misión y vocación personal como cristiano/a.

PLAN DE LA SESIÓN

MOMENTO	ACTIVIDAD	PASOS	MATERIAL	TIEMPO
SER	Bienvenida y oración inicial	**Bienvenida informal** • Dar la bienvenida y motivar una convivencia informal. • Entregar los gafetes o etiquetas y el *Diario*. **Apertura de la sesión** • Dar la bienvenida formal. • Tocar la canción lema y proyectar el videoclip. • Hacer la oración inicial *Diario*, p. 34.	Gafetes o etiquetas con nombre *Diario* CD/DVD de la Misión LCD/DVD/TV Instrumentos musicales	20 min
	Buscamos a ciegas	**Preparación de la actividad** **Explicación de la actividad** • Organizar a los participantes en dos grupos, explicar la actividad e indicar a los observadores que escriban en su *Diario*, p. 34. **Realización de la actividad** **Reflexión en sesión plenaria**	Caramelos: dos por participante Obstáculos inofensivos *Diario*	25 min
VER	Vemos la realidad bajo varias luces	**Explicación de la actividad** **Conducción de la actividad paso a paso** • Observar el *collage* y compartir en parejas, *Diario*, p. 35. **Sesión plenaria**	*Diario*	30 min
Descanso				15 min
JUZGAR	Escuchamos la Palabra de Dios	**Meditación dirigida sobre el significado de la luz** • Leer el texto sobre la luz y subrayar las ideas importantes, *Diario*, p. 36. • Comentar en parejas. **Orientación y proclamación de la Palabra** • Invitar a escuchar la Palabra de Dios, *Diario*, p. 37. • Proclamar Juan 8, 12. **Reflexión personal dirigida** • Escribir las luces importantes recibidas en la Misión, *Diario*, p. 37. **Orientación y proclamación de la Palabra** • Explicar la palabra *misión*. • Invitar a escuchar la Palabra de Dios, *Diario*, p. 38. • Proclamar Mateo 5, 14-16. • Reflexionar sobre cómo ser la luz de Cristo en la vida diaria, *Diario*, p. 38.	Biblia de la Misión *Diario*	40 min

MOMENTO	ACTIVIDAD	PASOS	MATERIAL	TIEMPO
EVALUAR	Revisamos nuestra vida ante Jesús	• Indicar que se invertirán los pasos "evaluar" y "actuar". • Escribir el mensaje principal, *Diario,* p. 39. • Completar la cruz personal de la Misión, *Diario,* p. 43.	*Diario*	10 min
ACTUAR	Preparamos el seguimiento y la clausura de la Misión	**Comentarios sobre el seguimiento de la Misión** • Dialogar sobre las opciones para el seguimiento de la Misión. **Creación del estandarte de la sede de la Misión** • Organizar al grupo para elaborar el estandarte o banderín. • Hacer la rifa para seleccionar a dos jóvenes que ofrecerán el estandarte en la Liturgia de Clausura.	Estandarte Tela blanca Triángulos de colores Pegamento Marcadores o crayones Lápices	25 min
	Ambientación	Entonar un canto o hacer un ejercicio de ambientación.		5 min
CELEBRAR	Profundizamos nuestra vivencia de la luz	**Celebración** • Entrar en espíritu de oración. • Entrada solemne de la luz. • Dirigir la ceremonia. • Pasar al altar uno por uno, para encender una veladora. • Apagar las veladoras con un apagavelas o taza de cerámica. • Encender nuevamente una veladora como signo del deseo de ser luz para el mundo. • Entonar todos juntos la canción lema de la Misión, *Diario,* p. 40, o un canto relativo a la luz de Jesús.	Vela grande Veladoras o velas pequeñas Cerillos Apagavelas o taza de cerámica Jarra con agua CD de la Misión Grabadora Instrumentos musicales	20 min
	Avisos y refrigerio	• Recordar la Liturgia de Clausura y convivencia final. • Compartir el refrigerio.	Refrigerio	20 min
			Total	**3:30 horas**

MATERIALES PARA LA SESIÓN

Altar

Elementos básicos

- ☐ Mantel, velas y flores
- ☐ Biblia de la Misión
- ☐ Cruz de la Misión
- ☐ Atril o cojín para colocar la Biblia abierta

Símbolos bíblicos

- ☐ 1. Vid o planta que se usó en la Sesión 1 y una canasta con pan
- ☐ 2. Un camino para colocar en el altar, hecho de semillas, hojas secas, pétalos o ramas, con tres letreros pequeños que digan: "Camino", "Verdad" y "Vida"
- ☐ 3. Un redil y unas ovejas, que pueden ser del nacimiento o hechos con palitos y algodón
- ☐ 4. Una vela grande y veladoras o velas pequeñas, una por cada participante, incluidos los evangelizadores y los anfitriones

Valija de la Misión

- ☐ LCD/DVD/TV o grabadora
- ☐ CD/DVD de la Misión
- ☐ Canasta con los gafetes o las etiquetas con nombre
- ☐ Cofre con los *Diarios de la Misión*
- ☐ Lápices

Arcón de la Sesión 4

- ☐ Caramelos, dos por participante
- ☐ Obstáculos: sillas, cojines, botes de basura, otros
- ☐ Prendas suficientes para vendar los ojos a la mitad del grupo; pueden ser pañoletas, bufandas, retazos de tela, paliacates
- ☐ Una vela grande
- ☐ Una veladora o vela pequeña, en su candelero, para cada participante, con su nombre escrito en una etiqueta
- ☐ Un apagavelas o una taza pequeña de cerámica para apagar las velas o veladoras
- ☐ Jarra con agua, por si saltara alguna chispa y hubiera que apagar el fuego
- ☐ Tela blanca y triángulos en tela de colores suaves para crear el estandarte o banderín; ver instrucciones en este *Cuaderno,* p. 82.

Refrigerio

- ☐ Refrescos o agua fresca, galletas, papas fritas, cacahuates o maní...
- ☐ Vasos y servilletas

MBJ

PROCESO DE LA SESIÓN

[Facilitación: Anfitriones/as y Evangelizador/a "B"]
[Cuidado del tiempo: Evangelizador/a "A"]

ACTIVIDAD: BIENVENIDA Y ORACIÓN INICIAL   [20 minutos]

Bienvenida informal   10 minutos

1. Los **anfitriones/as** dan la bienvenida a los participantes conforme llegan; les entregan su gafete o etiqueta, lápiz y *Diario de la Misión,* y los invitan a pasar al lugar donde se llevará a cabo la sesión. Ya iniciada ésta, los anfitriones se quedan en la puerta si faltan algunos invitados, y cuando llegan, los orientan sobre lo que está pasando y les piden que se incorporen a la actividad sin distraer a la comunidad.

Apertura de la sesión   10 minutos

2. Los **evangelizadores/as** inician la sesión puntualmente, con una bienvenida formal. Tocan la canción lema para fomentar la mística de la Misión, e invitan a los participantes a aprender el canto y a entonarlo juntos. De ser posible, proyectan el videoclip.

3. El **evangelizador/a "A"** invita a entrar en espíritu de oración para iniciar la sesión, *Diario,* p. 34. Se persigna y ora al Señor diciendo:

    > Padre bueno, te damos gracias por habernos dado ojos para ver la grandeza de tu creación y las necesidades de nuestro pueblo. Gracias también por los dones de tu Espíritu, que nos permiten ver la vida con la mirada de Jesús.
    >
    > Hoy te agradecemos en especial el habernos enviado a Jesús, la luz del mundo, que ilumina nuestra vida. Él es el modelo de persona plena; queremos ser como él; te lo pedimos por tu Hijo, Nuestro Señor Jesucristo y por intercesión de María, nuestra madre. Amén.

ACTIVIDAD: BUSCAMOS A CIEGAS   [25 minutos]

Preparación de la actividad

1. Los **evangelizadores/as y anfitriones/as** deciden de antemano cuál es el lugar más adecuado para esta actividad.

2. Los **anfitriones/as** preparan el lugar mientras los evangelizadores/as explican la actividad a los participantes:

   - Colocan los caramelos en el sitio elegido, sin que los participantes vean donde quedan. La mayoría de los caramelos deben quedar visibles.

   - Colocan algunos obstáculos inofensivos que dificulten la búsqueda: sillas, cojines, botes de basura, etcétera.

Explicación de la actividad   5 minutos

3. El **evangelizador/a "B":**

   - Organiza a los participantes en dos grupos, en un lugar distinto en donde los anfitriones/as están colocando los caramelos.

   - Explica que un "grupo tendrá los ojos vendados" y así deberá buscar los caramelos que están colocados en [mencionar el lugar]. Hay cuatro caramelos por "joven buscador/a": algunos están escondidos y otros están a la vista de cualquier persona que puede ver. Cuando han recogido uno o dos caramelos, deberán entregarlos a los evangelizadores, quienes les dejarán saber de antemano en qué lugar del salón están localizados y no se moverán de ahí.

   - Los jóvenes en el otro grupo serán "observadores" y tomarán nota de lo que hacen sus compañeros con los ojos vendados.

   - Con ayuda del **evangelizador/a "A"**, el **evangelizador/a "B":** reparte a los jóvenes en el "grupo de los observadores" las prendas para vendar a sus compañeros en el otro grupo y les pide que cada uno vende a una persona y la guíe al lugar donde están los caramelos, dejándola sola y sin guía cuando ya están ahí.

Realización de la actividad   10 minutos

4. Los **dos grupos** de participantes realizan su función:

   - El "grupo de los observadores" guía a sus compañeros hacia el lugar donde están los caramelos.

   - Los **dos evangelizadores/as** indican, con la mayor claridad posible, en qué lugar del salón están situados.

MBJ

- El "grupo con los ojos vendados" busca los caramelos y los entrega a los evangelizadores.

- El "grupo de los observadores" toma nota, en su *Diario,* p. 34, de lo que hacen sus compañeros, que tienen los ojos vendados.

Reflexión en sesión plenaria   10 minutos

5. El **evangelizador/a "B"** abre el diálogo para reflexionar sobre la experiencia, con las siguientes preguntas:

- Al grupo que buscó los caramelos:

    o *¿Cómo se sintieron siendo ciegos por los diez minutos que duró la actividad?*

    o *¿Qué obstáculos enfrentaron para encontrar los caramelos?*

    o *Qué les costó más trabajo, ¿encontrar los caramelos o entregárselos a los evangelizadores/as?*

    o *¿Qué les hubiera facilitado la tarea?*

- Al grupo de observadores:

    o *¿Cómo se sintieron siendo sólo observadores de personas que padecían discapacidad visual?*

    o *¿Qué les llamó más la atención en la conducta de sus compañeros?*

    o *¿Qué estrategias utilizaron los buscadores de caramelos?*

    o *¿Cuál es el papel de la luz en esta actividad?*

    o *¿Por qué es esencial la luz para el ser humano? ¿Cómo suplen la falta de luz las personas invidentes/ciegas?*

VER

ACTIVIDAD: VEMOS LA REALIDAD BAJO VARIAS LUCES [30 minutos]

Explicación de la actividad   5 minutos

1. El **evangelizador/a "B":**

   - Pide que se coloquen en parejas para realizar esta actividad y que abran su *Diario* en la p. 35.

   - Explica que la actividad se realizará de la siguiente manera: En su *Diario*, hay un *collage* o conjunto de imágenes, que irán analizando según las instrucciones y el tiempo que les dé. Cuando indique que realicen el siguiente paso, háganlo, aunque deseen continuar con lo que estaban haciendo, pues sólo así se alcanzará el objetivo de la actividad.

Conducción de la actividad paso a paso   15 minutos

2. El **evangelizador/a "B"** conduce la actividad paso a paso, ayudado por el **evangelizador/a "A"** quien deberá cuidar el tiempo de manera exacta:

   - Pide que observen el *collage* por un minuto, para captar sus imágenes.

   - Indica que tienen tres minutos para dialogar con su pareja, sobre lo que cada uno vio en el *collage.*

   - Vuelve a pedir que, por tres minutos, observen el *collage* y dialoguen sobre lo que ven, desde la perspectiva del evangelio, respecto *la vida de los jóvenes* ahí presentados.

   - Pide hacer lo mismo, por tres minutos para dialogar sobre las *relaciones humanas* de los jóvenes ahí presentados, bajo la luz del evangelio.

   - Da otros tres minutos para que dialoguen respecto a la *vida cultural y de la sociedad,* ahí representada a la luz de los valores de Jesús.

   - Por último, da de nuevo tres minutos para conversar sobre la *vivencia de la fe,* que se percibe en el *collage.*

MBJ

Sesión plenaria   10 minutos

3. El **evangelizador/a "B"** invita a compartir en sesión plenaria lo que aprendieron al analizar la realidad representada en el *collage* a la luz de las cinco perspectivas: general; desarrollo personal; relaciones interpersonales; vida cultural y de la sociedad, y vivencia de la fe.

ACTIVIDAD: DESCANSO   **[15 minutos]**

Facilitación: Evangelizador/a "A"]
[Proclamación del evangelio y cuidado del tiempo: Evangelizador/a "B"]

ACTIVIDAD: ESCUCHAMOS LA PALABRA DE DIOS   **[40 minutos]**

Meditación dirigida sobre el significado de la luz   10 minutos

1. El **evangelizador/a "B"**:

- Invita a los participantes a abrir su *Diario* en la p. 36, en la que se encuentra la meditación sobre el significado de la luz.

- Les pide que lean en silencio la meditación, conforme él/ella la lee en voz alta, y que subrayen las ideas que consideran importantes. Les explica que guiará lentamente la meditación, dando tiempo para que puedan seguir la lectura y haciendo una pausa después de cada párrafo, para que subrayen lo que encontraron importante.

  En lenguaje bíblico, la *luz* simboliza lo bueno y lo hermoso que hay en el mundo: la vida, el amor, la felicidad auténtica, la salvación plena, la integridad moral, la protección afectiva. La luz es todo aquello que ilumina el camino hacia Dios, venciendo así las tinieblas, que en la Biblia representan el mal.

  Más fuerte inclusive, en la Biblia, la luz es símbolo de Dios y de la persona de Jesús. Dios es Luz y Jesús es la misma Luz, que con su vida, palabra y acciones refleja las cualidades de Dios. Así lo confesamos cada vez que rezamos el Credo:

  Creo en un solo Señor, Jesucristo, Hijo único de Dios,
  nacido del Padre antes de todos los siglos: Dios de
  Dios, *Luz de Luz,* Dios verdadero de Dios verdadero.

La luz fue lo primero que Dios creó. Sólo con luz podemos ver y caminar seguros. Por eso envió a grandes líderes como Moisés y los profetas a guiar al pueblo de Israel en el camino de la alianza, hasta la llegada de Jesús.

Jesús es la luz que brilla en la oscuridad y jamás se extingue. Vino a desterrar las tinieblas, a traernos la salvación plena y a revelarnos al Padre.

La luz del evangelio nos ayuda a ver la vida desde el punto de vista de Dios: a reconocer nuestra verdadera dignidad; a identificar los valores auténticos y distinguir lo que genera vida y lo que causa muerte. La luz que nos da la Palabra de Dios nos lleva a acoger con fe y esperanza a Jesús, Dios hecho hombre por amor a nosotros.

Jesús nos comunica su luz a través de la fe, la inserta en nuestro corazón a través del Bautismo y la mantiene encendida con la Eucaristía. De ahí que en el Bautismo, la Primera Comunión y la celebración de la Eucaristía, las velas sean signo de la presencia de Jesús en nuestra vida.

En la oscuridad nos cuesta trabajo ver las cosas buenas de la vida cotidiana, ser agradecidos con las personas que nos apoyan y nos ayudan, apreciar las bendiciones y dones recibidos, encontrar la manera de hacer el bien... Para caminar como discípulos de Jesús y cumplir nuestra misión, necesitamos ver la vida bajo la luz de Dios.

Por eso en las sesiones bíblicas hemos hablado de *ver y juzgar* como Jesús. Su Palabra nos ilumina y nos comunica la verdad sobre Dios, el ser humano, la creación entera y el misterio de la salvación, para alcanzar la felicidad y el amor que Dios tiene destinados, para todos y cada uno de nosotros, que de esta forma lleguemos a participar de la luz eterna.

Orientación y proclamación de la Palabra de Dios   5 minutos

2. El **evangelizador/a "A"**:

   - Inicia la actividad con la siguiente orientación:

     > Vamos a escuchar la Palabra de Dios, para seguir conociendo a Jesús, quien en este caso se presenta diciendo que es luz. Recordemos que en sentido bíblico *conocer* significa "tener una experiencia con la totalidad de nuestro ser. Conocer a Jesús implica "amarlo con todo tu corazón, toda tu alma, toda tu mente y con todas tus fuerzas" (Mc 12, 30). Esto conlleva una relación íntima con Jesús que crea el deseo de seguir sus enseñanzas. No se trata sólo comprenderlas intelectualmente, sino de hacerlas vida. Pongamos atención a las palabras de Jesús, para vivir su breve, pero profundo mensaje.

   - Invita a acallar el corazón para escuchar la Palabra de Dios. También la pueden leer en su *Diario,* p. 37.

3. El **evangelizador/a "B"**:

   - Proclama Juan 8, 12.

   - Invita a que las palabras de Jesús hagan eco en el corazón y la vida de los participantes.

   - Vuelve a proclamar Juan 8, 12.

Reflexión personal dirigida paso a paso   15 minutos

4. El **evangelizador/a "A"**:

   - Pide abrir el *Diario,* en la p. 37, donde está el cuadro, "Escribimos las luces que recibimos en la Misión".

   - Indica que, en la columna de la izquierda están las citas bíblicas con los nombres simbólicos de Jesús sobre los que se ha reflexionado durante esta Misión. Los leerá uno a uno, dando tiempo para que escriban, a la derecha, las luces que recibieron al escuchar a Jesús definirse a sí mismo de esa manera y haber reflexionado sobre el significado de cada nombre.

   - Procede a leer cada cita bíblica, dando tiempo después de cada una, para que los participantes escriban su reflexión.

Orientación y proclamación de la Palabra de Dios
10 minutos

5. El **evangelizador/a "B":**

- Lee o da la siguiente explicación sobre la palabra *misión:*

    La palabra *misión* significa "tarea", "cometido", "trabajo". Bíblicamente, la misión siempre es iniciada por un llamado de Dios a colaborar con él en la historia de salvación.

    Jesús vino al mundo con la misión de establecer una alianza permanente entre Dios y nosotros; salvarnos del pecado y darnos la vida eterna; mostrarnos la verdad y el camino al Padre; ser para nosotros el Buen Pastor que da la vida por sus ovejas; transmitirnos la vida divina que comparte con el Padre. Todo esto lo hemos vivido en las sesiones de esta Misión, en las que hemos tenido un encuentro con él.

- Invita a los participantes a acallar su corazón para escuchar la misión que Jesús les encomienda, en el evangelio de Mateo, *Diario,* p. 38.

- Proclama Mateo 5, 14-16.

Reflexión personal

6. El **evangelizador/a "B"** invita a reflexionar personalmente sobre su llamado a ser luz en el mundo, según lo que acaban de escribir en su *Diario,* p. 37, sobre las luces recibidas durante la Misión. Pide que hagan esta nueva reflexión respondiendo a las preguntas en la p. 38:

- *¿Qué significa llevar la luz de Jesús a tus medios ambientes?*

- *¿Cómo puede Jesús iluminar la vida de tu familia a través de ti?*

- *¿De qué maneras puedes ser la luz de Jesús para tus amigos, en tu escuela o trabajo y en tu barrio?*

- *¿Te invita Jesús hacer algo especial con personas necesitadas, para que puedan ver su vida bajo la luz del evangelio?*

MBJ

EVALUAR

ACTIVIDAD: REVISAMOS NUESTRA VIDA ANTE JESÚS   [10 minutos]

1. El **evangelizador/a "B":**

   - Indica que, en esta ocasión, se hará primero el "Evaluar" y después se trabajará sobre el "Actuar", pues esta actividad recogerá la experiencia de toda la Misión.

   - Invita a abrir el *Diario* en la p. 39 y a escribir el mensaje principal que les dio Jesús en esta sesión.

   - Pide que abran el *Diario* en la p. 43 y observen su cruz personal de la Misión, con los símbolos de los mensajes recibidos en las sesiones anteriores. Invita a que en esta última sesión, dibujen dos símbolos que representen, a manera de resumen, las luces recibidas en la Misión: (a) un símbolo debe representar luces que los ayudan en su jornada de vida personal; (b) el otro símbolo debe representar la misión a la que se sienten llamados por Jesús.

2. **Cada joven** dibuja los símbolos en su cruz personal de la Misión.

ACTUAR

ACTIVIDAD: PREPARAMOS EL SEGUIMIENTO Y LA CLAUSURA DE LA MISIÓN   [25 minutos]

Comentarios sobre el seguimiento de la Misión   10 minutos

1. El **evangelizador/a "B":**

   - Invita a los participantes a hacer una lluvia de ideas de cómo pueden continuar conociendo mejor a Jesús para ser una luz más fuerte y eficaz ante las personas que los rodean y la sociedad en que viven.

- Si los participantes no pertenecen a un grupo o comunidad de fe, los invita a participar en uno ya existente o a formar uno nuevo. Puede animarlos con su experiencia; compartiendo con ellos que existen personas, procesos y materiales para ayudarlos; mencionando opciones como movimientos y grupos apostólicos con carismas particulares, y presentando oportunidades de servicio social, como: ayudar en el Ayuntamiento, Municipio, campañas de vacunación o visita a enfermos.

- Con ayuda del **evangelizador/a "A"**, entrega volantes de oportunidades y recursos disponibles. Señala *La Biblia Católica para Jóvenes* como un instrumento privilegiado para conocer, amar, orar y vivir la Palabra de Dios, y la serie Diálogos Semanales con Jesús, que son libros con sesiones que ayudan a estrechar la relación con Jesús al conocerlo mejor y dialogar con él con base en las lecturas dominicales.

- Si es adecuado, conviene calendarizar una reunión para planificar qué hacer después de la clausura de la Misión.

Creación del estandarte de la sede de la Misión   15 minutos

2. El **evangelizador/a "B"** invita a crear el estandarte o banderín que llevarán a la Liturgia de Clausura, según las siguientes instrucciones; ver modelo en este *Cuaderno,* p. 82.

3. **Cada joven:**

   - Recibe un triángulo recortado en tela, para que dibuje en él uno de los símbolos que acaba de hacer en su cruz personal de la Misión, escogiendo el más significativo para él/ella. Con esos triángulos se armará un estandarte tipo "vitral". Cada triángulo tiene la base o la cúspide marcada para indicar la dirección en que debe dibujarse el símbolo, de modo que al colocarlos juntos, todos los símbolos queden correctamente colocados y ninguno quede de cabeza.

   - Dibuja el símbolo según las indicaciones anteriores.

   - Al terminar, cada quien pega su pieza en el estandarte.

4. Los **anfitriones/as** colocan el estandarte cerca del altar, para la celebración final de la sesión, mientras los **evangelizadores/as** hacen una rifa entre los participantes para elegir a los dos jóvenes que llevarán el estandarte como ofrenda de su sede de la Misión, en la Liturgia de Clausura.

ACTIVIDAD: CANTO O EJERCICIO DE AMBIENTACIÓN   [5 minutos]

CELEBRAR

ACTIVIDAD: PROFUNDIZAMOS NUESTRA VIVENCIA DE LA LUZ

[20 minutos]

1. El **evangelizador/a "B"** invita a entrar en espíritu de oración para iniciar la celebración de fe. Junto con el **evangelizador/a "A"** entrega a cada joven participante, así como a los dos anfitriones/as, su vela apagada para la celebración, la cual deberá estar colocada en un candelero, u otro tipo de base, y tener su nombre en una etiqueta. Ambos evangelizadores/as deben conservar su propia vela.

2. Los **anfitriones/as**:

   - Inician la celebración, llevando una vela grande encendida, de manera ceremoniosa, y la colocan sobre el altar.

   - Proclaman solemnemente: "Éste es Jesús, la luz del mundo".

3. El **evangelizador/a "B"**:

   - Continúa la ceremonia diciendo:

     > Cada uno de nosotros tiene la misión de ser luz en este mundo. Piense cada cual qué necesita de la luz de Jesús, para parecerse más a él, transmitir su luz al mundo y alumbrar a los demás.

   - Invita a que los **anfitriones/as** y el **evangelizador/a "A"** inicien el ritual, mostrando así como deberán continuarlo los participantes.

     o Pasar al altar y decir: "Jesús, luz del mundo, ayúdame a ser luz y buen pastor con quienes me rodean".

     o Encender su vela con la llama de la vela grande y colocarla en el altar.

4. Los **participantes** pasan uno a uno al altar; hacen su petición en voz alta; enciende su vela; la colocan en el altar, y forman un círculo alrededor de él.

5. El **evangelizador/a "B":**

- Continúa con el ritual y dice:

> En estos momentos estamos muy contentos porque todos tenemos la luz de Jesús y entre todos hemos formado una gran luz. Aquí en la Misión es fácil hacer propósitos; sin embargo, en la vida diaria nos cuesta trabajo mantener nuestra luz brillando.

- Menciona acciones que apagan la luz de Cristo en nuestra vida. Conforme dice las acciones, el **evangelizador/a "A"** apaga, al azar, las velas de una en una. Por ejemplo:

> Nos olvidamos de lo aprendido en la Misión *[apaga una vela]*
>
> Criticamos sin cesar a nuestro prójimo *[apaga otra vela]*
>
> No vemos los dones que Dios nos ha dado *[apaga otra vela]*
>
> Sólo pensamos en nosotros mismos *[apaga otra vela]*
>
> Titubeamos para acercarnos a Jesús *[apaga otra vela]*
>
> Perdemos la confianza ante las dificultades *[apaga otra vela]*
>
> Somos sordos al evangelio *[apaga otra vela]*
>
> Damos más importancia al "tener" que al "ser" *[apaga otra vela]*
>
> Nos sentimos perdidos y no nos damos cuenta de que Jesús camina con nosotros *[apaga otra vela]*
>
> Queremos vengarnos del mal que nos hacen…sin intentar "vencer el mal a fuerza del bien" *[apaga otra vela]*
>
> Somos envidiosos del bien ajeno *[apaga otra vela]*

> Así, sucesivamente, hasta dejar únicamente la luz que representa a Jesús.

- Hace un momento de silencio solemne y continúa:

> Dios —en su bondad y su amor infinitos— nos ilumina constantemente con su luz. Nos guía con su Palabra para que nuestra vida siempre tenga sentido y nos enseña cómo puede brillar la luz de Jesús, a través de nosotros, para crear un mundo mejor.

> Los invito a que cada uno piense qué puede hacer para que la luz de Jesús brille ante otras personas. Jesús siempre está listo para perdonar nuestros pecados y nuestras fallas de correspondencia a su amor. Por eso, con el sacramento de la reconciliación nos prepara para recibir su Espíritu, quien nos da la fuerza para volver a empezar y mantenernos en el camino del bien.

6. Los **participantes, anfitriones/as** y **evangelizadores/as** pasan uno a uno a encender su veladora y en voz alta hacen su oración, diciendo:

   Señor Jesús, necesito tu luz, la quiero dejar encendida en mi vida para siempre, de manera especial deseo...

7. **Todos** entonan la canción lema de la Misión o un canto sobre la luz de Jesús, que conozcan los participantes.

ACTIVIDAD: AVISOS Y REFRIGERIO   [20 minutos]

1. El **anfitrión/a "A"** recuerda el lugar, la fecha y la hora en que tendrá lugar la Liturgia de Clausura de la Misión y la convivencia para celebrar la nueva vida y amigos adquiridos durante ella.

2. El **anfitrión/a "B"** invita a compartir el refrigerio.

3. Los **anfitriones/as,** a la hora convenida para terminar la sesión:

   • Despiden a los participantes de manera afectuosa y alegre.

   • Guardan en el cofre los *Diarios* y gafetes o etiquetas de los compañeros, para ser ofrecidos durante la Liturgia de Clausura.

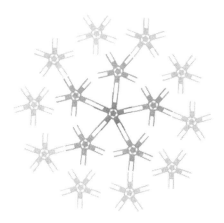

ANEXO SESIÓN 4

INSTRUCCIONES PARA PREPARAR Y ARMAR EL ESTANDARTE

1. Llevar una tela blanca de 1.5 metros de largo y 1 metro de ancho aproximadamente, para crear el estandarte.

2. Llevar triángulos en telas de colores suaves, para dar uno a cada participante, incluyendo evangelizadores/as, anfitriones/as y asesores/as, si los hubiera.

3. Los triángulos deberán ser equiláteros (los tres lados y ángulos iguales) y de un tamaño que, entre todos, cubran la superficie de la tela blanca, para crear un estandarte tipo vitral.

4. Escribir en los triángulos de la mitad de los participantes, la palabra "base" en un lado del triángulo. En la otra mitad, escribir la palabra "base" en una cúspide del triángulo. De esta manera, la mitad de los símbolos quedarán hechos con el triángulo hacia arriba (ver figura 1) y la otra mitad, con el triángulo invertido (ver figura 2). Así, todos los símbolos quedarán dibujados en la dirección correcta al ser colocados en el estandarte.

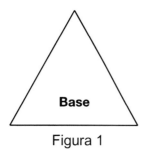

Figura 1

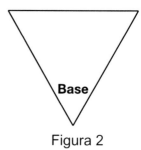

Figura 2

5. Se recomienda trazar los triángulos en la tela blanca, de manera sutil, para facilitar su colocación, ya sea vertical u horizontalmente.

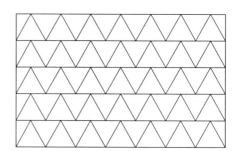

PARTE 2

EVALUACIÓN DE LAS SESIONES POR EL EQUIPO DE JÓVENES MISIONEROS Y SUS ASESORES/AS

Introducción

La evaluación de las sesiones es parte integral del proceso de la Misión. Es uno de los pasos del Círculo Pastoral y tiene como fin reflexionar sobre la acción evangelizadora de los jóvenes misioneros. Esta reflexión es un instrumento de formación en la acción, nos ayuda a desarrollar los dones que Dios ha dado a cada quien, mejorar el liderazgo compartido y crecer en espíritu crítico sobre las acciones personales y comunitarias.

Se centra en las necesidades de los participantes, el proceso a facilitar y la acción de los jóvenes misioneros. También los asesores/as que acompañan a los jóvenes en una sede de la Misión, deben llenar la evaluación, desde su propia perspectiva. Este ejercicio evaluativo sirve para:

- Conocer mejor a los participantes y su respuesta a la Palabra de Dios y a los procesos.

- Saber si los objetivos de cada sesión se alcanzaron y si sus mensajes vitales fueron comunicados con claridad y fuerza.

- Medir la habilidad del equipo en el desempeño de sus roles con el fin de mejorar.

- Identificar lo adecuado del proceso en general y sus actividades en particular.

Instrucciones para hacer las evaluaciones y su síntesis

La evaluación de cada sesión se realiza en tres pasos:

1. **Evaluación personal.** Ésta debe ser hecha justo al terminar la sesión, para que sea lo más objetiva posible.

2. **Reflexión en equipo.** Se realiza con base en las evaluaciones personales y puede ser realizada después de llenar la evaluación personal o como la primera actividad en la reunión de preparación de la siguiente sesión.

3. **Síntesis de las evaluaciones por sede.** Hay que hacer una síntesis de las evaluaciones de los cuatro jóvenes misioneros y el asesor/a. Puede ser hecha por una o dos personas y entregarla al Equipo Central en la fecha indicada. Debe ser escrita en la forma de evaluación de cada sesión: (a) En las *preguntas cerradas,* hay que indicar cuántas personas respondieron a cada opción; (b) En las *preguntas abiertas,* enlistar las respuestas más relevantes, importantes y/o frecuentes.

El formato se presenta en Word, en el sitio web de la Misión, para facilitar la evaluación y el registro de la síntesis.

NOTAS PERSONALES SOBRE LA MISIÓN...

EVALUACIÓN DE LA SESIÓN 1
JESÚS NOS TRANSMITE SU VIDA
Y NOS CAPACITA PARA DAR FRUTOS

1. **¿Cómo fue el proceso de integración de los participantes, desde su llegada a la sede de la Misión hasta la celebración de la fe y convivencia final?**

    A. Pobre _____   Regular _____   Bueno _____   Excelente _____

    B. ¿Qué ayudó más a su integración?

    C. ¿Hubo algún problema de integración?   Sí _____   No _____

    D. Si lo hubo, ¿a qué se debió?

2. **Para responder estas preguntas, revisa en tu *Cuaderno* la página con los objetivos y mensajes vitales, y el Plan de la sesión.**

    A. Marca los pasos del Círculo Pastoral que despertaron un interés e involucramiento fuerte en los participantes.

    Ser _____   Ver _____   Juzgar _____   Actuar _____   Evaluar _____   Celebrar _____

    B. Menciona dos actitudes o reacciones de los participantes con las que mostraron que estaban recibiendo los *mensajes vitales* de la sesión.

    1.

    2.

    C. Según lo que observaste, ¿hubo algún *objetivo* que no se logró? Sí _____   No_____

    En caso negativo, ¿cuál o cuáles no se lograron y por qué?

3. **¿Cómo fue la disposición del grupo a orar y reflexionar sobre la Palabra de Dios?**

    A. Pobre_____   Regular_____   Buena_____   Excelente_____

    B. ¿Qué ayudó más a los participantes a entrar en espíritu de oración y reflexión?

C. ¿Hubo algún hecho o actitud específica que dificultara su oración o reflexión?

Sí____   No____

D. Si sí lo hubo, ¿cuál fue?

4. ¿Sientes que la sesión ayudó a los participantes a mejorar su relación con Jesús?

A. Poco____   Regular____   Bastante____   Mucho____

B. Sólo a unos pocos____   A un buen grupo____   A la mayoría____

C. ¿En qué lo notaste? Da dos ejemplos.

1.

2.

5. Comparte uno o dos comentarios de los participantes, que encontraste interesantes o valiosos.

A.

B.

Como miembro del Equipo de Jóvenes Misioneros:

A. ¿Qué tan bien preparado/a te sentiste para realizar tu rol en la sesión? ¿Hubieras podido prepararte mejor? ¿Cómo?

B. ¿Cuál fue tu experiencia más enriquecedora en esta sesión?

C. ¿De qué manera/s te ayudó esta sesión a estrechar tu relación con Jesús?

D. ¿Qué dones, conocimientos o cualidades personales, te ayudaron más a cumplir con tu rol en la sesión?

E. ¿Cuál fue el desafío más grande que tuviste que enfrentar como persona?

F. ¿Cuál fue el mayor acierto o logro que tuvieron como equipo durante la sesión?

G. Si tuvieron que enfrentar algún desafío especial como equipo, indica:

- ¿En qué consistió el desafío?

- ¿Cómo lo resolvieron?

- ¿Hubieran podido resolverlo mejor? ¿Cómo?

H. ¿Qué aspectos deben cuidar o mejorar para la próxima sesión?

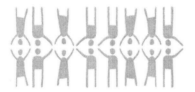

Evaluación de la Sesión 2
Jesús, el amigo que da vida hoy y siempre

1. **¿Cómo contribuyó a la integración grupal y a la toma de conciencia del valor de la autenticidad, la actividad "Decimos una verdad y dos mentiras"?**

    A. Integración grupal

    Poco _____   Regular _____   Bastante _____   Mucho _____

    B. Conciencia del valor de la autenticidad

    Poco _____   Regular _____   Bastante _____   Mucho _____

2. **Para responder a estas preguntas, revisa en tu *Cuaderno* la página con los objetivos y mensajes vitales, y el Plan de la sesión.**

    A. Marca los pasos del Círculo Pastoral que despertaron un interés e involucramiento fuerte en los participantes.

    Ser _____   Ver _____   Juzgar _____   Actuar _____   Evaluar _____   Celebrar _____

    B. Menciona dos actitudes o reacciones de los participantes con las que mostraron que estaban recibiendo los *mensajes vitales* de la sesión.

    1.

    2.

    C. Según lo que observaste, ¿hubo algún *objetivo* que no se logró? Sí _____   No _____
    En caso negativo, ¿cuál o cuáles no se lograron y por qué?

3. **Con base en los diálogos y la oración de los participantes, en esta sesión y la anterior:**

    A. ¿Qué nivel de conocimiento tienen de Jesús?

    Poco _____   Regular _____   Bastante _____   Mucho _____   No lo capté _____

    B. ¿Dieron muestras de que llevan una amistad con Jesús?

    Poco _____   Regular _____   Bastante _____   Mucho _____

    C. ¿Qué nivel de deseo tienen de conocerlo y relacionarse mejor con él?

    Poco _____   Regular _____   Bastante _____   Mucho _____

4. **Con base en lo que viste y escuchaste en la sesión, ¿crees que los participantes valoraron a Jesús como "el camino, la verdad y la vida", que guía y da sentido a su existencia?**

A. Poco _____ Regular _____ Bastante _____ Mucho _____

B. ¿Qué actividades ayudaron más para que este mensaje llegara a los participantes?

C. Describe dos actitudes o comentarios de los participantes que muestran que comprendieron este mensaje.

1.

2.

5. **Esta sesión tuvo varios momentos de reflexión y oración, ¿cuál identificas como el más profundo?**

6. **Como miembro del Equipo de Jóvenes Misioneros:**

A. ¿Qué tan bien preparado/a te sentiste para realizar tu rol en la sesión? ¿Hubieras podido prepararte mejor? ¿Cómo?

B. ¿Cuál fue tu experiencia más enriquecedora en esta sesión?

C. ¿De qué manera/s te ayudó esta sesión a estrechar tu relación con Jesús?

D. ¿Cuál fue el desafío más grande que tuviste que enfrentar como persona?

E. ¿Cuál fue el mayor acierto o logro que tuvieron como equipo durante la sesión?

F. Si tuvieron que enfrentar algún desafío especial como equipo, indica:

- ¿En qué consistió el desafío?
- ¿Cómo lo resolvieron?
- ¿Hubieran podido resolverlo mejor? ¿Cómo?

G. ¿Qué aspectos deben cuidar o mejorar para la próxima sesión?

EVALUACIÓN DE LA SESIÓN 3
JESÚS, EL BUEN PASTOR,
ME AMA, ME LLAMA Y ME DA VIDA

1. **Indica cómo percibes la cohesión del grupo y el nivel de confianza entre los participantes:**

   A nivel de amistad y camaradería _____

   A nivel de un grupo de jóvenes con intereses comunes _____

   A nivel de una comunidad de fe juvenil _____

2. **Para responder estas preguntas, revisa en tu *Cuaderno* la página con los objetivos y mensajes vitales, y el Plan de la sesión.**

   A. Marca los pasos del Círculo Pastoral que despertaron un interés e involucramiento fuerte en los participantes.

   Ser _____   Ver _____   Juzgar _____   Actuar _____   Evaluar _____   Celebrar _____

   B. Menciona dos actitudes o reacciones de los participantes con las que mostraron que estaban recibiendo los *mensajes vitales* de la sesión.

   1.

   2.

   C. Según lo que observaste, ¿hubo algún *objetivo* que no se logró? Sí _____   No_____

   En caso negativo, ¿cuál o cuáles no se lograron y por qué?

3. **Escribe dos comentarios de los participantes que consideres relevantes y que ayudaron al resto del grupo a comprender que Jesús es el Buen Pastor.**

   A.

   B.

4. **La sesión empieza con mucha actividad física y va decreciendo para llegar a la reflexión, ¿cómo reaccionó el grupo ante este proceso?**

   Le costó trabajo entrar en espíritu de reflexión _____

   Hizo fácilmente la transición _____

5. **En las actividades diseñadas para la etapa del "Juzgar", los participantes escuchan la Palabra de Dios e identifican los mensajes importantes, ¿hubo algún cambio en el involucramiento de los participantes y su respuesta, entre la primera sesión y ésta?**

Sí, un cambio importante_____   Sí, un cambio ligero_____   No noté ningún cambio_____

¿A qué crees que se debió esto?

6. **Según lo que observaste, ¿cuál fue la respuesta del grupo al ser llamado de uno en uno a cruzar la puerta?**

La mayoría del grupo hizo la actividad con seriedad y profundidad ____

La mayoría del grupo hizo la actividad a la ligera ____

Fue una actividad demasiado fuerte para la mayoría de los participantes ____

7. **Como miembro del Equipo de Jóvenes Misioneros:**

A. ¿Cuál fue tu experiencia más enriquecedora en esta sesión?

B. ¿Qué tan bien preparado/a te sentiste para realizar tu rol en la sesión? ¿Hubieras podido prepararte mejor? ¿Cómo?

C. ¿Cuál fue tu experiencia más enriquecedora en esta sesión?

D. ¿De qué manera/s te ayudó esta sesión a estrechar tu relación con Jesús?

E. ¿Qué dones, conocimientos o cualidades personales, te ayudaron más a cumplir tu rol?

F. ¿Cuál fue el desafío más grande que tuviste que enfrentar como persona?

G. ¿Cuál fue el mayor acierto o logro que tuvieron como equipo durante la sesión?

H. Si tuvieron que enfrentar algún desafío especial como equipo, indica:

- ¿En qué consistió el desafío?
- ¿Cómo lo resolvieron?
- ¿Hubieran podido resolverlo mejor? ¿Cómo?

I. ¿Qué aspectos deben cuidar o mejorar para la próxima sesión?

EVALUACIÓN DE LA SESIÓN 4
JESÚS ES LA LUZ DEL MUNDO;
YO QUIERO SER LUZ PARA MIS SEMEJANTES

1. **¿Cómo viste el proceso general del grupo y la confianza entre los participantes, a lo largo de las cuatro sesiones? Marca todas las opciones que correspondan.**

   Se mantuvieron estables _____

   Creció como grupo y en confianza mutua _____

   Hubo un crecimiento significativo _____

   Se establecieron relaciones interpersonales más profundas _____

   Se comportaron como una comunidad de fe _____

   No era un grupo conformado, pero desean seguir reuniéndose _____

   Hay jóvenes que están pensando integrarse a un grupo o comunidad de fe ya existente, para continuar su jornada de fe, después de la Misión _____

2. **Para responder estas preguntas, revisa en tu *Cuaderno* la página con los objetivos y mensajes vitales, y el Plan de la sesión.**

   A. Marca los pasos del Círculo Pastoral que despertaron un interés e involucramiento fuerte en los participantes.

   Ser _____   Ver _____   Juzgar _____   Actuar _____   Evaluar _____   Celebrar _____

   B. Menciona dos actitudes o reacciones de los participantes con las que mostraron que estaban recibiendo los *mensajes vitales* de la sesión.

   1.

   2.

   C. Según lo que observaste, ¿hubo algún *objetivo* que no se logró? Sí _____   No_____

   En caso negativo, ¿cuál o cuáles no se lograron y por qué?

MBJ

3. Señala dos comentarios importantes de los jóvenes al reflexionar sobre la luz versus la oscuridad:

    A.

    B.

4. En tu experiencia, ¿qué tan significativa fue la actividad, "Revisamos nuestra vida ante Jesús", al elaborar la cruz personal de la Misión, para la mayoría de los participantes, a lo largo de la Misión?

    Fue un ejercicio muy rico para la mayoría ____

    La mayoría lo hizo dócilmente, pero sin mucha profundidad ____

    Resultó aburrido para la mayoría ____

5. A lo largo de la Misión, ¿cuáles fueron los momentos del Círculo Pastoral y/o de las actividades, que tuvieron más relevancia para la vida de los jóvenes?

6. ¿Cómo fue la aceptación de los participantes a su labor como Equipo de Jóvenes Misioneros?

    En la Sesión 1:

    En la Sesión 2:

    En la Sesión 3:

    En la Sesión 4:

7. ¿Cómo fue el desempeño del asesor/a en el equipo? ¿Tienes alguna recomendación para un mejor ejercicio de este rol?

8. ¿Identificaste a algún/os líder/es jóvenes a lo largo de la Misión?

    B.   Indica sus nombres:

    C.   ¿Ves posibilidades de que puedan ser evangelizadores o anfitriones en Misiones futuras?

9. Como Equipo de Jóvenes Misioneros:

- ¿Cuál fue la experiencia más enriquecedora en *esta sesión*?

- ¿Cuáles fueron las experiencias más enriquecedoras como miembro del Equipo de Jóvenes Misioneros *a lo largo de toda la Misión*?

- ¿Te gustaría volver a servir en el equipo de otra Misión? ¿En qué rol y por qué?

- Con base en tu experiencia, ¿qué recomendaciones das para que otras Misiones sean llevadas de mejor manera?

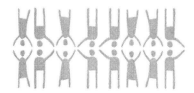

Canción lema de la Primera Misión
LA PALABRA SE HACE JOVEN CON LOS JÓVENES

Martín Valverde

Él es la puerta, atrévete a entrar.
Dale un por qué a tu vida;
él es el buen pastor que se nos da
y conoce a sus ovejas.

Para aquellos que buscan vivir
y alcanzar sus sueños,
la luz que brilla y llama al corazón
la voz del Buen Pastor.

Él es el pan de vida, cómelo;
nunca más tendrás hambre.
Verdadero pan que nos da Dios
y da la vida al mundo.

Da tu paso, atrévete a creer,
para que tengas vida.
Escucha hoy la voz de tu pastor
llamándote a vivir.

Jesús te llama para llevar
su palabra a todas partes.
Él te eligió, te hace apóstol,
renueva tu juventud.

Te está invitando para llevar
la buena nueva de su amor.
Oye su voz, que la Palabra
se hace joven contigo.

Cristo es el camino, es la verdad,
y solo él da vida.
La verdadera vid, unido a él
tu juventud da fruto.

La resurrección, aquél que crea en él
aunque muera vivirá.
Camina junto a él,
La verdad descubre y vive ya.
Llevan en su pecho un nuevo ardor:

amor de Dios que llama.
Portadores de la buena nueva
van compartiendo vida.

Son profetas que Dios levantó
y llevan su Palabra.
Son testigos desde el corazón
y ésta es su canción.

Coro

Él me llamó, hoy llevo
su Palabra a todas partes.
Él me eligió, me hizo apóstol,
renovó mi juventud.

Él me invitó, hoy llevo
la buena noticia de Jesús.
Oigo su voz y su Palabra
se hace joven conmigo.

Él nos llamó, llevamos
su Palabra a todas partes.
Nos eligió, nos hizo apóstoles
renovó la juventud.

Nos invitó, llevamos
la buena noticia de Jesús.
Él nos habló y su Palabra
es vida de la juventud.

NOTAS PERSONALES SOBRE LA MISIÓN...

NOTAS PERSONALES SOBRE LA MISIÓN. . .

Breinigsville, PA USA
11 November 2010
249186BV00004B/1/P

9 780980 029369